과학문화연구 – 7

모던
과학철학과
포스트모던
과학철학

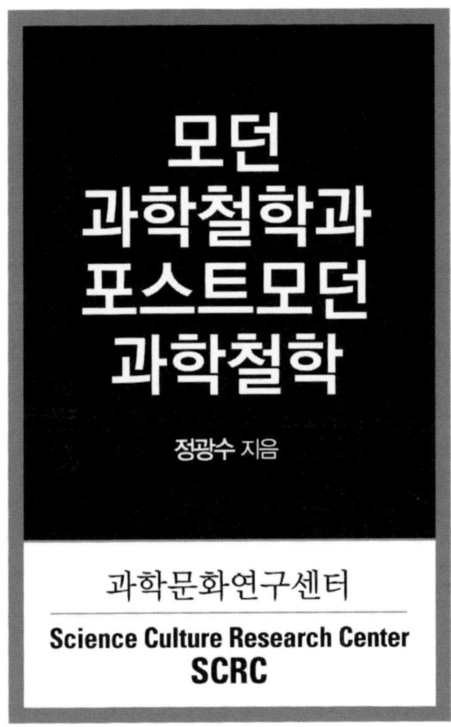
모던
과학철학과
포스트모던
과학철학
정광수 지음
과학문화연구센터
Science Culture Research Center
SCRC

한국학술정보

이 저서는 2014년도 전북대학교 저술 장려 경비지원에 의하여 연구되었음.

머리말

과학철학(Philosophy of Science)의 일반적 주제에 대한 관심은 역사를 거슬러 올라가 고대의 아리스토텔레스 같은 철학자, 프톨레마이오스 같은 과학자 또는 피타고라스 같은 수학자에게서도 찾아볼 수 있다. 물론 학문의 암흑기였다는 중세에도 일부 신학자들에 의해서 고대의 과학철학 연구성과, 특히 아리스토텔레스의 '과학적 탐구 방법' 등이 수용·발전되는 일이 조용히 이루어졌었다.

근대에 들어서면서 고대, 특히 아리스토텔레스의 과학철학에 대한 비판이 전개되었고, 뉴턴 이후 과학 '법칙'과 '이론'에 대한 분석 그리고 그것들의 '인식적 격위(cognitive status)'에 대한 토론이 아인슈타인의 상대성이론 출현과 더불어 활발히 전개되었다. 아울러 '과학적 방법', 특히 '일반화의 방법'과 '가설의 방법'에 대한 상호 비판적 검토가 '귀납주의자'와 '가설－연역적 방법' 제안자 사이에 진행되었다.

현대에 이르러, 특히 20세기에 '논리실증(경험)주의' 과학철학은 과학철학의 일반적 주제 전반에 걸쳐서 아주 활발한 토론을 진행시켰고 괄목할 만한 연구성과를 창출하였다. 하지만 그들의 정통적 견해, 특히 과학의 주로 형식적 측면에 대한 주된 관심에 포퍼의 반증주의, 이론에 대한 전통적 실재론자, 쿤의 역사주의, 파이어아벤트의 아나키스트적 과학철학 등은 공격을 퍼부었다. 특히 '과학의 합리성/상대성'과 '과학실재론/반실재론' 주제에 대한 치열한 논의가 20세기 말까지 진행되었다.

한편, 20세기 말부터 서서히 과학철학의 주류였던 '모던 과학철학'에 대한 반성과 대안이 나타나기 시작했는데, 이를 '포스트모던 과학철학'이라 일컫게 되었다.

또한, 최근에 이르러 과학철학은 과학학(Science Studies)의 다른 영역인 과학사(History of Science), 과학사회학(Sociology of Science), 과학기술과 사회(Science, Technology and Society) 등과 영향을 주고받으면서 전개되고 있고, 과학문화(Science Culture), 과학정책(Science Policy), 과학저널리즘, '실험', '기술' 등의 실천적 주제에 대한 관심을 증대시켜 나가고 있다. 한편, 과학철학과 개별 과학들과의 상호관계에 대한 위상 정립에도 논의를 전개시키고 있다.

철학에 있어서의 포스트모더니즘은 과학철학의 논의에도 영향을 주었다. 감성과 이성의 융・복합, 소통 등의 포스트모던시대 특성을 인지하면서 과학철학 논의는 어떤 변화가 있어 왔는가? 과학철학에서 모던성과 포스트모던성은 어떤 차이점을 지니고 있는가? 왜 그러한 차이점을 지니게 되었는가? 등이 본 저서에서 다루어질 것이다.

우선 과학철학의 일반적 주제들이 무엇인지 살펴보고, 고대로부터 중세, 근현대, 현재에 이르기까지 이른바 철학자, 과학자들로 알려진 이들이 어떤 주제에 어떻게 접근 했었는지, 다시 말해 과학철학의 간략한 역사를 기술할 것이다.

과학철학의 발전이 현저하게 드러난 현대, 특히 20세기 '논리실증

(경험)주의' 과학철학, 포퍼의 '반증주의' 과학철학, 쿤의 새로운 '역사주의' 과학철학, 파이어아벤트의 '아나키스트적' 과학철학 등이 공통적으로 지니고 있는 특징을 살펴보고, 그 이후의 과학철학이 지니고 있는 특징을 대조적으로 살펴볼 것이다. 즉, 과학철학에서의 '모던성'과 '포스트모던성'을 그것들 각각이 지니고 있는 대조적 특징을 바탕으로 구분할 것이다.

포스트모던 과학철학의 대표적 입장 가운데 하나인 해킹의 실험적 실재론을 분석하여 어떻게 과학철학에서의 포스트모던적 특징을 지니고 있는가를 보여줄 것이다.

한편, 일반적으로 '철학'에서의 포스트모던성이 '과학철학'에서의 포스트모던성에 어떻게 관련을 맺고 있는가를 분석하고, 아울러 '과학철학'에서의 어떤 경향이 '포스트모던성'을 낳게 되었는가도 살펴볼 것이다. 끝으로, 최근의 과학에서의 어떤 경향이 '과학철학'에서의 '포스트모던성'에 관계되는가도 분석할 것이다.

마지막으로, 과학철학에서의 '포스트모던성' 특징 이해에 도움을 준 다운즈(Downes) 교수 그리고 장하석, 이상욱, 이상원, 장대익, 고인석 교수께 감사를 표한다.

정광수

❑ Contents

CHAPTER 01

과학철학(Philosophy of Science)의 일반적 주제

현대, 특히 20세기에 괄목할 만한 성과를 창출하였던 학문 영역들 가운데 자연과학과 인문학의 융·복합적 성격을 지닌 분야 중 하나가 과학철학(Philosophy of Science)이라는 것을 어느 누구도 부정하지 않을 것이다. '과학철학'이란 과학에 관한 철학이다. 여기서 '과학'이란 학문을 주제의 일반성에 따라 철학과 특수학문들로 분류했을 때 특수학문들 전반을 가리킨다. 그리고 철학이란 가장 일반적 수준의 학문 분야로서 인간, 세계 그리고 인간의 여러 행위들(지적·도덕적·사회적·예술적·종교적 행위 등)에 관한 근원적인 신념들에 대한 (진리탐구를 목표로 하는) 비판적인 (그리고 논리적인) 반성 결과들의 체계이다. 따라서 과학철학이란 특수학문들 전반 또는 그 특수학문 종사자들의 정당화된 진리 체계화 행위에 대한 비판적인 반성 결과들의 체계이다.

특수학문들이 주제에 따라 여러 분야들로 나누어지기 때문에 과학철학도 논리학철학(Philosophy of Logic), 수학철학(Philosophy of Mathematics), 사회과학철학(Philosophy of Social Science), 심리학철학(Philosophy of Psychology), 자연과학철학(Philosophy of Natural Science) 등으로 나누어진다. 그런데 "과학"이 좁은 의미로 자연과학

을 가리키는 경우가 많은 것처럼 "과학철학"도 자연과학철학을 가리키는 경우가 많다. 그리고 자연과학철학은 다시 물리학철학(Philosophy of Physics), 생물과학철학(Philosophy of Biological Science), 의철학(Philosophy of Medicine), 기술(과학)철학(Philosophy of Technology), 공학철학(Philosophy of Engineering) 등으로 나누어질 수 있다. 본 저서에서 대부분 "과학"은 자연과학을 가리키고 "과학철학"은 자연과학철학을 가리키는 것으로 사용할 것이다.

과학철학이란 과학에 대한 감정적인 비난이나 무조건적인 회의가 아닌 과학이라는 주제에 대한 진리들을 발견하고자 하는 목표를 지닌 비판적이고 이성에 의한 반성, 즉 깊은 논리적 사고의 결과로 얻은 진리들을 체계화한 것이다. 여기서 과학에 대한 진리들의 발견을 결과하는 비판적 반성이란 과학에 대한 철학함을 의미한다. 그리고 과학에 대해서 철학한다는 것은 과학의 일반적이고 근원적인 신념들의 정당화에 대한 논리적 분석(그러한 신념들을 결론으로 갖는 추리들의 정당성에 대한 검토)과 그 신념들을 구성하는 데 사용하는 기초개념들에 대한 분석(기초개념들의 명료화)을 의미한다. 결론적으로, 과학철학이란 과학의 일반적이고 근원적인 신념들의 정당화에 대한 논리적 분석과 그 신념들을 구성하는 것들의 일부인 기초개념들의 명료화 작업 뒤에 얻어진 옳은 명제들의 체계이다.

과학철학자는 첫째로, 과학의 기초개념들의 분석 즉 의미 명료화 작업에 힘쓴다. 예를 들어, '공간', '시간', '시공간', '생명', '진화', '유전자' 등이 무엇을 의미하거나 가리키는지, 공간이나 시간 또는 시공간이 실재하는지 아니면 개념일 뿐인지, 아인슈타인의 시공간 개념이 상식과 뉴턴의 시간, 공간 개념들보다 물리학에 더 적절한 개념인지 등을 명백히 밝히고자 노력한다.

둘째로, 과학철학자는 과학의 목표(the aim of science)와 그 목표를 달성하기 위한 과학적 방법(scientific method)에 관심을 갖는다. 과학의 목표는 관찰·실험 자료들을 기술하거나 설명하는 것인지 아니면 그 자료들을 다루기 위해서 직접적으로 관찰 불가능한 전자, 쿼크 등과 같은 이론적 대상들(theoretical entities)의 실재성을 가정하는 이론(theory)을 정립하는 것인지, 과학적 지식을 얻음에 있어 관찰과 실험의 역할은 무엇인가, 관찰과 실험은 어떤 관계를 가지고 있는지, 과학적 설명이란 무엇이고 어떤 조건들을 갖추어야 하는가, 과학법칙이란 무엇이고 어떻게 발견되는가, 과학이론의 구성요소들은 무엇인가, 가설은 어떻게 입증되는가 혹은 단지 반증될 뿐인가, 과학이론은 이 세계의 사실들에 관한 진술들인가 아니면 단지 지적 도구(intellectual instrument)인가, 경쟁하는 두 이론들 사이에 선택의 기준은 무엇인가, 이론의 '발견'과 '정당화' 맥락은 어떤 차이가 있는가, 과학과 비과학 또는 사이비 과학을 구분해주는 기준은 어떤 것인가, 과학적 방법이란 다른 어떤 방법들, 즉 종교적 방법 또는 예술적 방법보다 이 세상에 관한 진리 발견에 월등한 방법인가, 과학철학은 과학에게 어떤 일반적 목표를 강요할 수 있는가 아니면 특수과학들의 방법들과 성과들에 대해서 철학적 도구를 가지고 2차적으로 반성하는 것을 임무로 삼아야 하는가 등이 주된 문제들이다.

셋째로, 과학철학자는 과학의 언어에 대한 깊은 이해를 제공하고자 한다. 여기서 주된 관심은 과학이 특별한 언어를 채택하거나 필요로 하는가, 관찰을 진술하는 데 사용하는 언어와 이론적 대상들을 지시하는 데 사용하는 언어는 어떤 차이가 있는가, 이른바 관찰용어와 이론용어의 관계는 무엇인가, 즉 관찰용어가 이론용어보다 더 기본적인 것인가 아니면 관찰용어는 이론에 의존적(theory-laden)인 2차적인 것인가 등의 문제에 관해서이다.

넷째로, 과학철학자는 과학적 지식이 어떻게 성장·발전하는가에 관심을 갖는다. 과학적 지식은 차곡차곡 누적되면서 발전하는지 아니면 혁명적으로 발전하는지, 앞선 이론과 현행 이론은 공약불가능(incommensurable)한가, 어떤 과학적 행위 발생에 역사적·문화적 배경은 그 행위의 내용과 질에 어떻게 영향을 주는지 등이 여기서의 문제들이다.

다섯째로, 과학철학자는 개별 과학들 사이의 관계에 대하여 관심을 갖는다. 여기서 다루어지는 문제들은 과학 전반에 적용될 수 있는 어떤 일반적인 방법론이 제시될 수 있는가 아니면 과학의 여러 분과들에 대한 각기 다른 방법들과 설명의 형태들이 있는가, 물질과학, 생명과학 그리고 사회과학 등은 서로 어떻게 차이가 있는가, 생물학과 같은 어떤 과학들이 물리학과 같은 다른 과학들로 환원이 가능한가, 다시 말해, 생물학 용어와 법칙이 물리학 용어와 법칙으로 정의 가능한가 등이다.

여섯째로, 과학철학자는 과학의 어떤 특수 분과와 관련을 맺으면서 일어나는 특별한 문제들에 관심을 갖는다. 그 문제들이란 의학은 과학보다는 기술(art)에 가까운가, 자유의지(free will)의 존재는 심리학과 같은 인간행동에 대한 과학에 어떤 특별한 문제를 일으키는가, 인공지능을 장착한 로봇은 인간과 같은 행위를 할 수 있을까, 표본수효가 극히 제한적인 고생물학과 같은 경우에 통계적 기술을 유용하게 사용할 수 있는가 등이다.

과학철학자들이 어떤 문제들에 관심을 가지고 있는가에 대해서 간단히 살펴보았다. 이제 과학철학의 일반적 주제들을 체계적으로 소개하고자 한다.

가. 가설의 입증(The Confirmation of Hypothesis)

우리는 예기치 못한 현상들에 직면하고 기존의 법칙이나 이론으로 설명되지 않을 때 새로운 가설을 세우고 그것에 의해 설명코자 한다. 실험 등을 통해 '투박한 억측'을 가설(Hypothesis)로 만들고, 그 다음에 가설로부터 이끌어낸 시험명제(Test Imperative)에 대한 검사를 통하여 가설을 입증(Confirmation)하고자 한다.

'가설의 입증'이라는 주제 아래 다루어지는 문제들은 가설의 입증 절차는 어떻게 짜이는가, 가설의 입증에 대한 헴펠의 '가설-연역적 모델'의 문제점은 무엇인가, 그 문제점을 해결하기 위한 대안들은 어떤 것들이 있는가, 가설은 입증이 아니라 포퍼가 주장하듯 반증될 뿐인가, 반증의 절차는 어떻게 짜이는가, 하나의 반증사례 아래 가설을 버려야 하는가, 가설과 법칙, 이론은 어떤 차이가 있는가 등이다.

나. 과학적 설명(Scientific Explanation)

자연과학은 왜 어떤 자연현상들이 일어나는가에 대해서 설명을 제공함으로써 자연에 대한 보다 더 깊은 이해를 얻고자 한다. 그런데 왜 어떤 자연현상이 일어나는가에 대해서 신화나 고대 자연철학, 종교도 설명을 제공하고자 노력했었다. 하지만 오늘날 우리들은 과학적 설명을 더욱 신뢰하고 있다. 따라서 과학철학은 이러한 '과학적' 설명에 관한 깊은 이해를 목표로 삼는다.

이 주제 아래 다루어지는 문제들은 과학적 설명이 갖추어야 될 조건들(설명 연관의 조건, 시험 가능성 조건)은 무엇인가, 과학적 설명은 어떤 논리적 구조를 갖는가, 과학적 설명에는 어떤 종류들이 있는가, 과학적 설명에서 설명하는 것은 반드시 법칙을 포함해야 하는가, 목적론적 설명도 과학적 설명의 한 종류일 수 있는가 또는 그 설명은 물리과학이 아니라 생물학에만 적용될 수 있는 것인가, 과학적 설명이 다른 설명들보다 더 나은가 그리고 만약 그렇다면 그 근거는 무엇인가 등이다.

그리고 과학적 설명이라는 주제와 연관하여 '법칙'이란 무엇인가 즉 어떤 조건들을 충족시켜야 하는가, 법칙과 '우연한 일반화'를 어떻게 구분할 것인가, 법칙이란 어떤 종류들이 있는가 등의 문제가 다루어진다.

다. 이론의 본성(The Nature of Theories)

개별 과학들은 각각의 관심 영역에 대하여 세워진 이론을 통하여 그 영역에 대한 경험법칙들이 왜 그런가를 설명하는 것 등을 통하여 그 영역에 대한 보다 더 깊은 이해를 제공하고자 한다. 그런데 과학이론이란 무엇인가, 과학이론의 구성요소들은 무엇인가, 그 구성요소의 하나인 모델은 이론으로부터 법칙들을 연역하는 데 꼭 필요한가, 이론화 작업과 실험 행위는 서로 어떤 관련이 있는가, 관찰 및 실험은 모두 이론 적재적(theory-laden)일 수밖에 없는가 등이 과학철학의 이 주제 아래 다루어지는 문제들이다.

라. 이론의 인식적 격위(The Cognitive Status of Theories)

과학용어들은 이른바 관찰용어와 이론용어로 나누어진다. 그리고 이론은 이론용어들, 예를 들어, 전자・쿼크・유전자・블랙홀 등을 포함하는 문장들을 가진다. 그런데 이론용어들을 포함하는 문장들은 문자 그대로 옳거나 그를 수 있는 진술들(statements)인가 아닌가, 이론용어들은 이 세상에 실재(reality)들을 가리키고자 하는가, 이론적 대상들(theoretical entities)은 실재하는가, 설명력 또는 예측력을 갖는 훌륭한 이론들은 옳다고 정당화될 수 있는가, 관찰용어와 이론용어들을 나누는 데 적용되는 엄밀한 기준이 있는가, 관찰용어들은 이론 의존적 또는 이론 적재적(theory-laden)인가 등이 이 주제 아래 다루어지고 있는데, 과학실재론자와 반실재론자(도구주의자, 구성주의자, 약정주의자)가 이론과 이론용어들에 대한 '해석'의 수준과 훌륭한 이론의 진리성과 이론적 대상들의 실재성의 정당화에 대한 '지식론적' 수준에서 활발히 토론한다.

마. 과학의 합리성(The Rationality of Science)

과학자들은 다양한 입증 사례가 있을 때, 설명 또는 예측력, 미치는 범위가 넓은 비옥도 등에 비추어 가설 또는 이론을 받아들인다. 그런데 그러한 기준들 중에 가설 선택에 있어 월등한 기준이 존재하는 것일까? 그리고 그 월등한 기준에 비추어 선택한 이론은 옳거나 옳음직한 것일까? 월등한 기준이 존재하고 그렇게 선택한 이론은 옳거나 옳음직하다고 주장하는 사람을 과학철학에 있어 '합리주의자'라고 한다. 그러나 그런 월등한 기준이 존재하지 않는다고 주장하는 과학철학에 있어 '상대주의자'가 있고 그들은 과학에 있어 가설 선택의 기준이 그때그때 합의될지라도 그 기준에 맞는 이론이 옳거나 옳음직하다고 볼 수 없다고 주장한다. 과학철학에서 합리주의/상대주의 논쟁은, 20세기 후반부에, 과학실재론/반실재론 논쟁과 연관을 맺으면서 가장 활발하게 토론되었던 주제였다.

바. 과학의 진보(Scientific Progress)

'논리실증주의' 과학철학자들은 주로 적절한 과학적 방법, 즉 과학자들이 모범으로 삼아야 될 방법들의 논리적 측면을 밝히면서 과학에 대한 합리적 재구성을 시도하였다. 그러나 과학사의 구체적이고 실제적인 자료들에 큰 관심을 가졌던 '역사주의' 과학철학자들은 주로 과학의 변화 또는 진보에 대한 합리적 재구성을 시도하였다.

이 주제 아래 다루어지는 문제들은 과학이 차곡차곡 더 많은 법칙들을 발견하고 앞선 이론보다 더 적용범위가 넓은 이론들을 세우면서 누적적으로 발전하는지 아니면 혁명적으로 앞선 이론이 후속이론에 의하여 교체되면서 발전하는지, 앞선 이론과 후속이론, 예를 들어, 뉴턴이론과 상대성이론은 공약 불가능(incommensurable)한지, 다시 말해 비교 자체가 무의미한 작업인지 등이다.

사. 과학의 구획 기준

이 주제 아래 다루어지는 문제는 과학을 비과학 또는 사이비 과학과 구별을 해주는 어떤 기준이 있는가 등이다. 일명 비엔나학파라고 불리는 논리실증주의자들은 경험과학의 문장들이 의미(significance)를 가지려면 검증가능(verifiable)하여야 한다고 제안했다. 그러나 우리가 이렇게 엄격한 의미 기준을 받아들인다면, 우리는 보편명제형식을 가진 법칙과 같은 과학의 많은 일반 문장들을 의미 없는 것으로 보아야 한다. 그래서 논리경험주의자들은 의미 기준을 다소 완화하여 경험과학의 일반 문장들은 입증 가능(confirmable)하여야 의미를 지닌다고 주장했다. 어떤 일반 문장이 입증 가능하다는 것은 그 일반 문장으로부터 논리적으로 이끌어내지는 특수 문장이 검증 가능하다는 것이다.

그러나 포퍼는 경험과학의 의의는 그것의 방법에 의거하여 찾아야 하는데, 경험과학과 사이비과학을 구분하는 기준은 반증가능성(falsifiability)이라고 주장했다. 적절한, 의미 있는 경험과학은 이론이 지속적으로 반증될 수 있는 가능성이 열려 있도록 해야 한다고 주장한다. 반증가능성이 항시 열려 있음에도 불구하고 오랫동안 반증되지 않고 지탱되어온 이론이 훌륭한 이론이다. 그리고 과학적 해석들이 지속적으로 반증가능성이 열려 있다는 것이 과학적 진보를 촉진한다고 본다. 하지만 몇몇 반증사례들이 등장한다고 해서 그 이론이 폐기 처분되는 것은 아니라고 쿤은 반대하고 나섰고 헴펠 등도 논리적으로 왜 그런가(가설 또는 이론이 보조가설과 더불어 검증받는다는 것을 상기시키면서)를 밝혔다.

그렇다면 과학 즉 과학적 방법은 진리 획득에 다른 것들보다 월등한 방식일까? 파이어아벤트는 과학의 문화적 권위를 인정하지 않는다. 사변철학적·종교적·예술적 방법보다 진리 획득에 우월성을 가질 수 없다는 것이다. 하지만 포스트모던 과학철학은 전반적으로 좋은 이해를 제공하고 있는 과학을 신뢰하고, 또 우리의 일상적인 양식을 신뢰한다. 이것은 포스트모던 과학철학이 파이어아벤트 같은 포스트실증주의 과학철학자들의 반과학적 결론에 찬성하지 않는다는 것을 보여준다.

아. 이론의 환원(The Reduction of Theories)

1970년대에 접어들면서 헐과 로젠버그 등에 의하여 생물학에 대한 철학적 작업이 본격적으로 이루어졌다. 생물학의 개념, 설명방식, 이론 그리고 연구방식은 물리학의 그것들과 근본적으로 다른 종류의 것들인가 아니면 물리학의 그것들로 환원될 수 있는 것인가, 생물학의 개념은 물리학의 개념들로 정의 가능한가, 생물학 법칙과 이론은 물리학 법칙과 이론으로 대체될 수 있는가, 생물학이 점차 화학 및 원자물리학에 합병될 것인가, 과학적 탐구의 대상들에 관한 관점에서 볼 때, 생물학적 탐구의 대상인 생물 또는 생명현상에는 무생물 또는 물리현상과 어떤 특별한 차이점이 있는가, 더 나아가 정신에 관하여 이야기하는 언어가 생리학 또는 신경생물학의 뇌 언어(brain language)로 환원되는지 아니면 다른 종류의 언어로 환원되는지 등이 이 주제 아래 다루어지는 문제들이다.

자. 공간과 시간(Space and Time)

'공간'과 '시간'은 물리학의 중요한 개념들이다. 고대 자연철학자와 수학자 그리고 근대 과학자와 철학자들은 이것들에 관심을 가졌고, 현대에 들어 아인슈타인의 상대성이론과 관련하여 '공간과 시간에 대한 철학(Philosophy of Space and Time)'이 과학철학의 한 분야로 자리잡게 되었는데 라이헨바흐 등이 이 분야를 본격적으로 다루었다.

이 주제 아래 다루어지는 문제들은 공간과 시간은 실재하는가 아니면 사물들과 사건들의 관계일 뿐이거나 무질서한 경험을 질서 지어지는 칸트가 말하는 감성의 형식들인가, 뉴턴의 '절대시간'과 '절대공간' 개념들보다 아인슈타인의 '시공간' 개념이 물리학에 더 적절한 것인가, 물리적 공간과 수학적 즉 기하학적 공간은 어떤 차이가 있는가, 유클리드 기하학 그리고 여러 비유클리드 기하학(로바쳅스키 기하학, 리만 기하학 등) 중에 어떤 모델이 가장 물리학에 적절한 공간 개념을 갖고 있는가, 시간은 한쪽 방향으로만 흐르는가 아니면 역전 가능한가, 시공간적 관계들은 인과적 관계로 환원되는가, 아인슈타인의 동시성에 대한 분석 등을 토대로 발전된 상대성이론과 논리실증주의자들의 검증가능성 기준, 즉 이 세상에 관한 문장들은 검증 가능할 때에만 의미를 가진다는 것은 어떤 관계가 있는가 등이다.

CHAPTER 02

과학철학의 간추린 역사

고대에서부터 오늘날에 이르기까지 많은 철학자나 과학자들은 과학에 대하여 철학하는 일을 해왔다. 어떤 사람 S가 과학자로서 널리 알려져 있을지라도, S가 과학에 대하여 철학하는 일을 하고 있을 때에는 당연히 과학철학자로서 작업하고 있는 것이다. 이른바 과학자 또는 철학자로 알려져 있는 사람들 그리고 과학철학자들이 앞에서 살펴본 과학철학의 일반적 주제들 중에 어느 주제에, 어떻게 관심을 가져왔는가를 고대로부터 현재까지 간단히 살펴보고자 한다.

가. 고대

아리스토텔레스

여러 학문의 창시자로 일컬어지는 아리스토텔레스는 최초의 과학철학자이다. 그는 『*Posterior Analytics*(분석론 후편)』에서 본격적으로 그리고 『*Physics*(물리학)』와 『*Metaphysics*(형이상학)』에서 부분적으로 '과학적 방법'에 관하여 설명한다. 그에 의하면, 과학적 탐구의 방법은 '귀납-연역적 방법'인데, 이 방법은 관찰현상들로부터 귀납적으로 일반적 설명원리들을 추리해내고, 이 원리들을 포함하는 전제들로부터 관찰현상들을 연역하는 것이다. 그리고 이 연역적 단계를 '과학적 설명'이라고 불렀다.

귀납적 단계의 결론인 설명원리는 '법칙(예를 들어, 모든 인간은 죽는다)'에 해당하는데, 어떤 문장이 법칙이 되기 위해서는 주어와 술어 간에 다음의 특징들(술어는 주어의 모든 경우에 옳아야 하고, 술어는 주어에 관하여 반드시 즉 필연적으로 옳아야 하고, 술어는 주어의 '본질적' 특성이어야 한다)을 가지고 있어야 한다고 설명하고 있다. 하지만 과학철학사가 로시에 따르면, 아리스토텔레스는 어떤 특성이 '본질적' 특성인가를 명백히 밝히고 있지는 못한다고 비판한다.

프톨레마이오스

2세기의 천문학자 프톨레마이오스는 행성의 겉보기 역행운동, 즉 지구상의 관찰자에게 행성이 배경의 별들에 대하여 운동방향을 반대로 바꾸는 것처럼 보이는 현상을 똑같이 잘 해명해주는 두 개의 기하학적 모델들, 즉 주전원－대원 모델(the Epicycle-Deferent Model)과 운동하는 이심원 모델(the Moving-Eccentric Model)을 소개하였다.

프톨레마이오스는 그의 책 『*Almagest*(위대한 수학책)』에서 천문학자는 현상들을 잘 설명해내는 수학적 모델을 제공하는 것을 목표로 삼으면 될 뿐, 행성들의 실재 운동에 관한 이론을 제공할 필요는 없다고 생각한다. 그리고 수학적 모델들은 행성의 실재 운동에 관한 옳거나 그른 문장 즉 진술이 아니라 단지 계산 장치, 즉 지적 도구일 뿐이라고 주장한다. 여기서 그는 과학이론에 대한 '반실재론'의 하나인 '도구주의' 입장을 취하고 있다. 하지만 그는 다른 책 『*Hypetheses Planatarum*(천체학 입문)』에서는 그의 복잡한 원들의 체계는 행성들의 실재 운동 구조를 기술하고 있다고 주장, 다시 말해, 과학이론에 대한 '실재론' 입장을 취한다.

프톨레마이오스는 과학이론의 목표나 본성이 이 세계에 관한 진리를 기술하는 것을 목표로 삼고 그 이론은 옳거나 그른 문장 즉 진술들의 체계인지, 아니면 과학이론은 단지 현상을 설명하거나 예측을 위한 도구일 뿐이고 이 세계에 관한 진리를 기술하는 것을 목표로 삼지 않는 것인가라는 주제, 즉 '이론의 인식적 격위(the cognitive status of scientific theories)'에 대한 문제에 일관성 있는 견해를 주지는 못했지만, 이 문제에 관심을 보인 과학철학자였다.

나. 중세

중세에 접어들어 **그로스테스트**와 **로저 베이컨**은 '과학적 탐구'에 대한 아리스토텔레스의 '귀납－연역적 방법'을 지지하고 발전시켰다. 귀납의 단계를 '분석'의 단계, 연역의 단계를 '합성'의 단계라고 하면서 '분석－합성의 방법'이라고 이름 붙였다.

그로스테스트, **둔스 스코투스**, **윌리엄 오캄**은 아리스토텔레스의 관찰로부터 설명원리로의 귀납적 절차, 즉 현상의 분석 단계에 대한 몇 가지 방법들을 제공하였다. 오늘날 '밀의 방법'이라고 불리는 것 중에 둔스 스코투스는 '일치법', 오캄은 '차이법', 그로스테스트는 일치와 차이의 '병용법'을 제안하였다. 그리고 이러한 방법들에 의하여 과학적 설명에 있어서 필요한 인과법칙들을 발견하고자 했다.

로저 베이컨과 그로스테스트는 귀납적으로 얻은 원리들에 대한 '실험적 검사'의 단계를 첨가하였다. 즉 그들은 과학철학의 한 주제인 '가설의 검증' 또는 '입증'의 문제를 소개하였다. 그로스테스트는 훗날 포퍼에 의하여 활발히 전개된 '반증'의 방법을 제공하였는데, 이것은 만일 어떤 가설이 우리가 경험에 의하여 옳고 그름을 확인할 수 있는 어떤 결과를 함의하고 있고 그 결과가 그르다는 것이 밝혀진다면, 그 가설은 그름에 틀림없다는 것이다. 하지만 가설은 보조가설과 더불어 검증되기 때문에 반증사례가 발견되었다 할지라도 가설이 그르다고 바로 논리적으로는 판명되는 것이 아니라는 것이 뒷날 주장되었다.

오캄은 '단순성(simplicity)'을 경쟁하는 두 이론들 중에 하나를 선택할 때의 기준으로 보았고, 이 방법론적 원리는 '오캄의 면도날(Ockham's Razor)'이라고 불린다. 그래서 그는 과학철학의 한 주제인 '과학의 합리성'(가설 선택의 월등한 기준이 존재하고 그 기준에 맞는 가설은 옳거나 옳음직하다는 합리주의와 그것을 반대하는 상대주의 논쟁)에도 관심을 보였던 것이다. 하지만 '단순성'을 가진 가설이 옳다거나 옳음직하다는 생각은 거부되었고, 실용적인 측면에서 경제성에 입각해 단순한 가설을 선택한다는 것이다.

다. 근대

근대에 접어들어 여러 천문학자들은 천문학의 체계들이 단지 계산 장치에 지나지 않는지 아니면 예측을 위한 계산도구일 뿐만 아니라 이 세상의 사실을 진술하고 있는지 즉 천문학 '이론의 인식적 격위'에 관한 문제에 관심을 가졌다.

코페르니쿠스

고대 프톨레마이오스는 '지구-중심' 천문학 체계를 수립했었지만, 근대에 와서 코페르니쿠스는 '태양-중심' 천문학 체계를 내놓았다. 오시안더는 천문학 이론에 대한 프톨레마이오스의 초기 생각을 지지하면서 코페르니쿠스의 태양-중심 체계도 행성들의 위치를 잘 예측하기 위하여 자유롭게 만들어진 수학적 모델 즉 계산 장치에 지나지 않는다고 주장했다.

그러나 코페르니쿠스 자신은 자기의 태양-중심 체계는 계산 장치 이상의 것이며, 자신의 체계는 천문현상들 속에 *실제로 있는* 수학적 조화 관계를 표현하고 있다고 주장한다. 그리고 프톨레마이오스 체계보다 자신의 체계를 선택해야만 하는 이유로서, 더 나아가 '경쟁하는 이론들 중에 어느 것을 선택해야 하는가에 대한 기준'으로서 자신의 체계가 적용되는 영역이 넓다는 점, 즉 태양계 전체에 대한 통합적 모델이라는 것과 어느 경쟁 가설들보다 자세한 부분까지 예측과 설명이 가능하다는 점, 즉 행성들의 역행운동의 정도와 빈도까지 설명할 수 있다는 것을 들었다. 직간접적으로 '이론의 합리성' 주제에도 관심을 보였던 것이다.

갈릴레오

갈릴레오 역시 코페르니쿠스 입장에 동조하며, 태양-중심 체계는 단지 계산 장치인 것만이 아니라 이 세계의 사실을 기술하고 있고, 적절하게 짜인 실험들에 의하여 이 우주 안에 실제로 있는 수학적 조화관계를 확인할 수 있다고 주장했던 피타고라스주의자였다.

갈릴레오는 '과학 탐구' 절차에 대한 아리스토텔레스의 '귀납-연역적 방법', 즉 뒤에 중세철학자들에 의하여 '분석－합성의 방법'이라고 불리는 것에는 동의하고 발전시켰지만, 과학철학의 다른 주제들에 대해서는 아리스토텔레스와 견해를 달리하였다. 아리스토텔레스는 '공간'이 질적으로 차이가 있는 것으로 구분하여 천상계는 불변이고 지상계는 지구를 중심으로 모든 운동과 변화가 일어나고 있는 것으로 보았다. 그러나 갈릴레오는 공간을 질적으로 차이가 있는 것으로 보지 않고 양적으로만 차이가 있는(천상계 공간이 지상계 공간보다 훨씬 넓은) 기하학적 공간으로 보았다.

갈릴레오는 아리스토텔레스가 물리과학적 설명의 한 형태로 인정하였던 '목적론적 설명'[운동은 어떤 미래의 상태를 실현하기 *위하여* 일어난다(예를 들어, 아리스토텔레스주의자들은 "왜 받쳐지지 않은 물체들은 지구를 향해서 떨어지는가?"라는 물음에 "그 물체들은 그들의 본래의 장소(natural place)에 도달하기 *위하여* 지구를 향해서 운동한다"고 답한다)]을 물리학적 토의의 영역에 합당하지 않은 것으로 물리과학적 설명에서 제외시킨다.

한편, 근대철학자 데카르트, 로크 등에서 활발히 탐구되었던 물체의 성질 구분-제1성질과 제2성질-에도 관심을 보였는데 색, 냄새, 소리, 맛 등은 제2성질이고 계량화할 수 있고 정량적으로 변화하는 물체에 관한 *객관적*인 성질 즉 크기, 수, 위치, 운동량 등인데 물리학의 주제를 이 제1성질에 관한 언명으로 제한하였다.

갈릴레오는 물리학에서 추상화(abstraction)와 이상화(idealization)의 의미를 강조하고 가설을 만들 때 창조적 상상력의 역할을 중요시하였다.

프랜시스 베이컨

아리스토텔레스의 '귀납-연역적 방법'의 귀납적 단계에 관하여 프랜시스 베이컨은 아리스토텔레스주의자들이 관찰 자료들의 수집에 관해 깊이 있는 생각을 갖지 않고 불충분한 자료 아래서의 너무 성급한 일반화를 받아들이고 있다고 비판하며, 관찰 자료들의 수집에 과학 도구들 사용의 값어치를 강조하였다. 베이컨은 관찰 자료들로부터 설명원리, 즉 법칙으로의 성급한 일반화가 아니라 관찰명제들로부터 불변의 관계들보다 포괄적인 상호관계를 그리고 법칙으로의 일반성이 낮은 것으로부터 높은 것으로의 *점진적인* 귀납절차를 강조하였다.

한편 베이컨은 귀납적 일반화를 통해서 얻은 '가설들의 검증' 문제에 관심을 갖고, 한 가설이 함의하는 어떤 시험명제가 그르다면, 그 가설은 그르다는 '반증의 방법'을 받아들인다. 그리고 이 반증의 논리적 형식은 "만일 가설 H가 옳다면 시험명제 I가 옳다. 그런데 I가 그르다. 그러므로 H가 그르다"는 타당한 연역논증 형식의 하나인 후건부정식(modus tollens)이다. 후에 밝혀졌지만 가설의 반증 (또는 입증) 절차는 실제로 이렇게 간단하지 않다. 왜냐하면 대개 가설은 보조가설의 도움을 받으면서 검사되기 때문에 I가 그른 경우라 할지라도 가설은 옳고 보조가설이 그른 경우가 있을 수 있기 때문이다.

데카르트

베이컨은 관찰 자료들로부터 여러 귀납적 일반화 단계들을 거쳐서 과학법칙들을 얻는 것을 과학적 절차의 적절한 한 단계로 여긴 반면에, 데카르트는 과학법칙들은 보다 더 일반적인 원리들로부터

'연역적' 절차를 거쳐 얻어져야 한다고 본다. 데카르트는 일반적 법칙을 얻는 절차에 관찰경험을 전혀 연결시키지 않고 이성에 의한 연역적 추리에만 의존해야 한다고 주장한다. 그러나 데카르트의 과학적 방법에 대한 견해는 다음과 같이 관찰경험과 실험의 필요성을 강조하였다. 데카르트에 의하면, 과학적 설명에서 설명하는 것은 일반법칙뿐만이 아니라 설명되는 결과가 그 아래에서 일어나는 특수한 조건들에 대한 정보들을 포함하는데 이 특수한 조건들에 대한 지식은 관찰과 실험에 의해서 제공된다.

뉴턴

뉴턴은 그의 책 『*Optics*(광학)』의 끝에서 '과학적 방법'에 관하여 주로 논의하는데, 아리스토텔레스의 귀납－연역적 방법을 "분석과 종합의 방법(Method of Analysis and Synthesis)"이라고 부른다. 분석의 방법이란 관찰 자료들로부터 귀납적 일반화를 통하여 설명원리 또는 법칙들을 얻어내는 방법인데, 여기서는 "a는 b다, a는 b다, ……"의 예들로부터 "모든 a는 b다"라고 결론 맺는 단순한 귀납적 일반화보다는 이 예들로부터 "귀납적 도약(inductive leap)"을 통한 훨씬 더 일반적인 정보를 포함하는 결론을 도출해낸다. 뉴턴은 저서 『*Mathematics Principle of Natural Philosophy*(자연학의 수학 원리)』에서 그의 세 가지 운동법칙들을 이 '분석의 방법'의 적용에 의해서 얻었다고 밝히고 있다.

'종합의 방법'이란 귀납적 일반화를 통하여 얻어낸 이론으로부터 그 이론이 도출될 때 자료로 사용하였던 원래의 귀납적 증거들에 들어 있지 않는 어떤 새로운 결론을 연역하는 절차이다. 그리고 뉴턴은 종합의 단계에서 얻어진 새로운 결론의 '실험적 입증'의 필요성을 누누이 강조하였다.

뉴턴은 학문의 이상이란 옳은 명제들의 연역적 체계를 구성하는 것이라는 유클리드 생각에 동의하면서 그의 물리학을 연역적으로 체계화하였다. 그리고 이와 관련하여 '공리적 방법(axiomatic method)'을 제안하였는데 이것은 3단계로 구성된다. 첫 번째 단계는 공리체계(axiom system)을 구성하는 것인데 여기서 공리체계란 공리들, 정의들, 정리들을 연역적으로 조직화한 체계이다. 공리란 그 체계 안의 다른 명제들로부터 연역될 수 없는 명제들인데 그의 세 가지 운동법칙들은 그의 역학이론의 공리들이다. 이 공리들은 '절대공간(absolute space)' 안에 있는 물체들의 '실재' 운동들을 기술하고 있는 물리학의 수학적 원리들이다. 뉴턴은 '절대시간(absolute time)'과 절대공간은 이 세상의 실체들과 그들의 상호작용들보다 존재론적으로 우선한다고 생각하였다.

공리적 방법의 두 번째 단계는 공리체계의 공리들과 정의들로부터 연역되는 정리들과 관찰들을 상호 연관시켜주는 절차를 상세히 기술하는 것이다. 여기서 상호 연관시키는 절차에 관여하는 규칙들을 대응규칙(rules of correspondence)이라고 부르는데, 이 대응규칙들에 따라 뉴턴은 절대 공간적 그리고 시간적 간격들에 대한 진술들을 우리가 측정하는 공간적 그리고 시간적 간격들에 관한 진술들, 더 나아가 그의 공리체계의 역학과 이 물리적 세계의 사건들을 연결시킨다.

세 번째 단계는 경험적으로 해석된 공리체계 안에서 연역되는 결과들에 대한 검증의 단계이다. 뉴턴의 '공리적 방법'은 그의 '분석과 종합의 방법'에 비하여 창조적 상상력(creative imagination)의 과학에서의 역할을 강조하고 있는데, 그는 창조된 공리체계가 관찰할 수 있는 것과 연결될 수 있을 때에만 과학, 즉 자연과학과 관계를 맺는다고 생각한다. 그는 과학철학의 일반적 주제의 하나인 '이론의 본성'에 부분적으로 관심을 가졌었다. 뉴턴은 '과학 탐구 방법'의 두 축인 아리스토텔레스식의 귀납－연역적 방법의 전통과 데카르트식의 연역적 방법을 다 받아들여 '분석－종합의 방법'과 '공리적 방법'을 완성하였고, 뒤에 밀, 오늘날의 '일반화의 방법'과 제본스, 오늘날의 '가설의 방법'의 기초를 마련해주었다.

뉴턴은 '과학법칙의 본성'에 관한 문제에 관심을 갖고 과학법칙은 필연성(necessary nature)이 아니라 개연성(contingent nature)을 갖는다, 즉 자연의 과정에 대한 모든 해석들은 개연적이고 지금까지의 증거 외의 다른 증거에 비추어 수정되기 쉬운 것이라고 주장한다. 영국의 경험론 철학자 로크와 흄은 뉴턴의 이 견해에 동조하였다.

칸트

칸트는 유클리드 기하학과 뉴턴 물리학의 연역체계로부터 깊은 인상을 받고, '학문의 이상'은 지식들의 연역체계를 구성하는 것으로 보았다. 그리고 과학이론들이 이 이상적 체계조직에 적합하기 위해서는 어떻게 구성되는 것이 좋은가를 규정하는 것을 "이성의 규정원리(the regulative principles of Reason)"라고 불렀다. 칸트는 어떤 '경험법칙과 이론들을 받아들일 것인가에 대한 기준'으로서 몇 가지 기준들을 제시하였다. 경험법칙에 관련하여 그 법칙으로부터 연역되는 결과가 관찰될 때 즉 여러 입증사례들이 있을 때 그 법칙을 받아들인다는 기준보다는 그 법칙이 좋은 '기존 연역체계와 정합'할 때 그 법칙을 받아들인다는 기준을 더욱 중요시했다. 예를 들어, 케플러의 법칙들은 뉴턴의 역학이론과 아주 잘 정합하기 때문에 많은 지지를 받는다는 것이다.

이론에 관련하여 어떤 이론을 받아들일 것인가에 대한 기준으로서 '예측력(predictive power)'과 '시험가능성(testability)'을 제안하였다. 그리고 현상들 사이의 관계들에 대한 우리의 '지식 범위를 확장' 시켜주는 이론들(예를 들어, 화학 분야의 여러 현상을 설명했던 플로지스톤 이론)이 받아들여진다고 주장했다. 이렇게 간접적이긴 하지만 '과학의 합리성' 주제에도 관심을 보였다.

인식론에 있어 경험과학의 지식은 감각경험으로부터 시작한다는 경험론자였던 흄을 받아들이면서 감성의 형식(시간과 공간), 오성의 형식(12범주), 이성의 원리가 결합하여 인식이 완성된다고 생각했던 칸트는 주관의 수동적인 역할만이 아니라 능동적인 역할의 중요성을 주장하며 인식에 대한 '코페르니쿠스적 전회'를 통하여 자연법칙의 필연성 등에 대한 흄의 회의주의를 극복하고자 했다.

칸트는 자연에 어떤 목적이 있다는 것에 대해서 우리는 증명할 수는 없지만, 마치 자연에 어떤 목적이 있는 것처럼 여기면서 경험적 지식들을 체계화해야 한다고 보았다. 여기서 우리가 따라야 할 원리를 칸트는 "자연의 합목적성 원리(the Principles of Purposiveness of Nature)"라고 부르는데 예를 들면, "자연은 가장 짧은 경로를 선택한다" 등과 같은 것이다.

그리고 칸트는 '과학적 설명'으로서 '인과적 설명(causal explanation)' 뿐만 아니라 '목적론적 설명(teleological explanation)'의 필요를 강조하였는데 목적론적 설명이란 왜 어떤 기능 또는 행위들이 일어나는가에 대한 답으로서 "…… 하기 위하여" 등의 구를 포함하는 것이다.

허쉘

허쉘은 '과학적 방법'에 대한 그의 이론을 크게 두 맥락 즉 "발견의 맥락"과"정당화의 맥락"으로 나누어 전개하였다. 첫째로, '관찰'현상들에 관한 자료들로부터 서로 밀접하게 관련을 맺는 국면들을 분석 정리한다. 그 결과들을 토대로 귀납적 '일반화의 방법' 또는 '가설의 방법'을 통하여 자연법칙들을 얻는다. 다시 이 법칙들을 자료로 삼는 귀납적 일반화의 방법과 이 법칙들을 가장 잘 설명하는 가설을 선택하는 가설의 방법을 통하여 과학이론들을 얻는다. 허쉘은 이러한 절차를 "발견의 방식(Pattern of Discovery)"이라고 부른다.

둘째로, 법칙과 이론의 "정당화의 맥락"에 관하여 허쉘은 과학법칙과 이론의 가장 중요한 승인가능성(acceptability)의 기준은 그것들로부터 이끌어내지는 결과들과 관찰 사실들의 일치라고 주장한다. 과학철학의 일반적 주제의 하나인 '가설의 입증' 문제에 관심을 보였던 것이다.

휘웰

휘웰은 포괄적인 '과학사' 연구 자료들을 기반으로 과학철학이 진행되어야 한다는 신념아래 과학적 발견에 어떤 방식이 있는가를 알아보기 위해서는 각종 과학들의 실제 발견 절차들을 검사해보자고 제안하였다.

그 결과로서 휘웰은 과학적 발견의 방식을 다음과 같이 제시하였다. 첫 번째 단계로 관찰 사실들을 분해하여 원소사실들(elementary facts)을 찾아낸다. 두 번째 단계로 원소 사실들에 개념을 첨가하여 사실들의 결합인 현상법칙(laws of phenomena)과 이론(theories)을 귀납적 일반화 절차를 거쳐 발견한다. 마지막 단계로 법칙들과 이론들로부터 그것들을 찾아내었을 때 자료들로 사용했던 것과 같은 종류 또는 그 밖의 다른 종류의 사실들을 연역적으로 이끌어낸다. 이렇게 간접적으로 '가설의 방법'도 이야기한다.

밀

허쉘과 휘웰의 영향을 받은 J. S. 밀은 그의 책 『*A System of Logic*(논리 체계)』에서 '과학적 방법'의 문제에 관심을 갖고 논의하고 있는데, 그는 과학에서 귀납 논증들의 중요성을 강조하는 입장인 귀납주의(Inductivism)를 옹호한다. 첫째로, 발견의 맥락에 관하여 그는 과학에서의 '인과법칙들(causal laws)'은 귀납적 방법들을 통하여 발견한다고 주장한다. "밀의 방법들(Mill's Methods)"이라고 불리는 이 방법들은 둔스 스코투스의 "일치법(Method of Agreement)"과 오캄의 "차이법(Method of Difference)"에 "공변법(Method of Concomitant Variations)"과 "잉여법(Method of Residues)"을 더한 것이다. 그리고 밀에 의하면, 인과관계란 사건들의 전후 관련인데 우리의 과거 경험에 의하면 불변이었고 앞으로도 계속 그러할 것인 앞 사건(원인)과 후속사건(결과)의 관련이다. [여기서 '인과관계'가 곧 선후관계라고 주장하는 것은 아니다. 사건 E가 사건 C에 의해서 일어나는 인과관계에서 원인 C가 결과 E보다 먼저 일어난다는 것이다. 선후를 인과로 보는 것은 오류의 한 종류, "인과의 오류(causal fallacy)"라고 부른다]

둘째로, 정당화의 맥락에 관하여 밀은 "모든 원인 A의 경우에는 결과 a이다"라는 형식의 과학 인과법칙은 그 법칙을 지지하는 증거들을 전제로 하고 그 법칙을 결론으로 하는 논증이 적절한 귀납적 논증형식을 따르고 있으면 정당화된다고 주장했다. 그래서 밀은 정당화의 맥락에서도 귀납에 주목하고 연역을 배제하였다.

그러나 제본스는 가설은 이미 잘 입증된 법칙들과 모순이 없고, 그 가설이 갖는 결과들이 관찰되는 것들과 일치할 때 정당화되는 것인데, 그 결과들은 가설로부터 연역되는 것이라고 주장하면서 정당화의 맥락에서 연역의 한 역할을 중요시하는 가설-연역적 방법(hypothetico-deductive method)을 지지하고 밀의 견해에 반대하였다. 그러나 가설의 입증 절차로서의 '가설-연역적 방법'의 전체에 걸친 구조는 연역이 아니라 귀납이라는 점에 주의를 기울여야 한다.

마하, 듀엠, 포앵카레

뉴턴은 과학법칙이나 이론이 이 세상에 실재하는 절대공간과 절대시간 속에서 일어나는 사실들(facts)을 기술하고 있다고 생각했다. 그래서 그는 '과학이론의 인식적 격위'에 관한 견해들 중에 과학이론은 이 세상에 관한 옳거나 그른 진술들의 집합이라고 주장하는 '과학 실재론'을 지지한다. 그러나 마하는 뉴턴의 실재론에 반대하여 절대공간과 절대시간에 관한 언급 없이 역학(mechanics)을 재구성하고자 하였고, 과학이론이란 옳거나 그를 수 있는 진술들의 집합이 아니라 단지 현상들을 예측하는 데 사용하는 계산장치 즉 지적 도구(intellectual instrument)에 지나지 않는다는 과학이론에 관한 도구론(instrumentalism)을 지지하였다. 그는 과학이론이란 옳거나 그름이 입증되거나 반증되는 그런 것일 수 없다고 보았다. 그리고 듀엠과 포앵카레도 이 '약정주의(conventionalism)'에 동의하였다.

듀엠은 그의 책 『*The Aim and Structure of Physical Theory*(물리이론의 목표와 구조)』에서 '과학이론'은 '공리체계', '대응규칙들' 그리고 해석된 공리체계와 관련 있는 '모델(모형, 그림)'로 구성된다고 주장했다. 그리고 이론이 현상 근저에 있는 실재들을 기술함으로써 현상을 설명한다는 이론의 설명기능의 가치를 부정하고 이론의 참된 기능은 실험법칙들을 함께 묶는 대표기능(representative function)이라고 듀엠은 주장하는데, 여기서 이론의 대표기능이란 이전에 서로 관련을 맺지 못했던 실험법칙들을 한 이론의 가정들로부터 연역해내는 것이다. 예를 들어, 기체의 육안으로 보이는 행위들에 관한 따로따로의 실험법칙들(보일, 찰스, 그레함의 법칙들)이 열운동론(kinetic theory)의 가정들로부터 연역해낸 결론들이다.

그런데 이론으로부터 실험법칙들이 연역되는 절차에는 이론의 구성요소들 중에 공리체계와 대응규칙들만으로 충분하고 모델은 필요하지 않기 때문에, 모델은 이론의 논리적 구조의 부분이 아니라 그 이론이 함께 묶는 실험법칙들 외의 다른 실험법칙을 찾는데 사용되는 발견적인(heuristic) 장치일 뿐이라고 듀엠은 주장한다.

그러나 캠벨은 모델이나 유추(analogy)는 단지 발견적 장치인 것만이 아니라 법칙을 설명하는 이론의 본질적인 부분이라고 듀엠에 반대하였고, 후에 헴펠은 다시 듀엠을 지지하며 이론이 법칙을 설명하는데 모델이 어떤 역할을 수행하지 않는다고 주장했다. 그러나 하레는 듀엠과 헴펠에 반대하고 모델들이 이론의 본질적 구성요소들 중의 하나라고 주장하였다.

라. 현대

20세기에 접어들어 과학철학은 여러 주제들에 관하여 폭 넓고 깊게 활발한 연구가 진행되었는데, 여기에 참가한 철학자 또는 과학자들은 20세기 영미분석철학과 깊은 관계를 맺고 있는 논리실증주의(또는 논리경험주의) 철학자들, 포퍼와 같은 반증주의자, 포스트실증주의자인 쿤과 같은 역사주의 과학철학자들, 아나키스트적 철학자 파이어아벤트 그리고 최근의 포스트모던 과학철학자들이다. 여기서 그들이 주로 관심을 가졌던 과학철학의 일반적 주제들에 관하여 간단히 살펴보고자 한다.

브릿즈먼

논리실증주의 과학철학자들은 과학 언어의 수준을 "관찰적 수준(observational level)"과 "이론적 수준(theoretical level)"으로 나누었다. 관찰적 수준은 "압력", "온도" 등과 같은 "관찰 가능한 것들(observables)"에 관한 진술들을 포함한다. 이론적 수준은 "쿼크"와 같은 직접 "관찰 가능하지 않은 것들(nonobservables)"에 관한 진술들을 포함한다. 그런데 브릿즈먼은 '과학적 개념'들에 대한 '분석'의 문제에 관심을 가졌는데, 아인슈타인의 "동시성(simultaneity)"에 대한 분석(즉 동시성이란 사건들 사이의 객관적 관계가 아니라 둘 또는 그 이상의 사건들과 관찰자 사이의 관계라는 분석)에 깊은 인상을 받고, 모든 과학 개념은 그것의 값을 결정하는 도구적 절차, 즉 조작(operation)과 연결되어 경험적 의미를 지닌다는 "조작주의(operationalism)"를, 그의 책 『*The Logic of Modern Physics*(근대 물리학의 논리)』에서 제안했다.

조작주의가 과학 용어의 의미를 객관적 또는 간주관적(intersubjective) 방식으로 밝힘으로써 과학의 객관성 확보에 도움을 준다는 이점은 가지고 있지만, 헴펠 등은 과학 용어 자체의 의미와 그것의 객관적 성격을 드러내는데 사용되는 조작을 동일시하는 것은 무리가 있다고 비판하였다.

헴펠

헴펠은 앞에서 언급된 허쉘과 제본스의 '가설의 입증' 주제와 관련된 주장을 더욱 정교하게 발전시켜 대표적 가설 입증이론인 '가설-연역적 방법(Hypothetico-Deductive Method)'을 제안하였다. 그런데 헴펠의 입증이론을 받아들일 때 발생하거나 발생하는 것처럼 보이는, 예를 들어 '까마귀 역설' 등과 같은 역설들에 대한 해결책을 제공하고자 노력하는 과정에서 '글리무어 구두띠 입증이론', '베이즈주의자의 입증이론' 등이 활발히 토론을 벌리고 있다.

자연과학철학의 고전적 입문서인 『*Philosophy of Natural Science*(자연과학철학)』의 저자인 그는 '과학이론의 구조' 그리고 '과학적 설명'의 문제 등에도 주된 관심을 가졌다. 그에 의하면, 왜 어떤 현상이 발생하는가에 대한 과학적 설명은 그 현상을 법칙 밑에 포섭시킴으로써 이루어진다고 주장하면서 과학적 설명의 두 가지 형태를 다음과 같이 형식화하였다.

	<법칙－연역적 설명>	<확률적 설명>
	L1, L2, ..., (보편법칙)	PL1, PL2, ..., (확률법칙)
설명하는 것	C1, C2, ..., (선행조건)	C1, C2, ..., (선행조건)
	____________(연역 논증)	____________(귀납 논증)
설명되는 것	∴ E (현상 진술)	∴ E (현상 진술)

헴펠은 그의 법칙－연역적 설명 모델이 보여주듯이 과학적 설명이란 설명되는 현상을 법칙들에 포섭시킴으로써 이루어진다고 주장했다. 그러나 스크리번은 법칙 아래 포섭시킴은 과학적 설명의 필요조건이 아니라고 주장한다. 즉 많은 과학적 설명의 경우에 설명하는 것들은 법칙들을 포함하지 않는다고 주장한다. 그러나 헴펠은 이러한 경우들에서도 법칙들이 명백히 기술되고 있지는 않을지라도 이미 법칙들이 가정되고 있는 것이라고 답변한다.

법칙－연역적 모델에서 '법칙'은 "모든 …… 은 …… 이다"라는 형식을 갖는 보편법칙들이고, 설명하는 것과 설명되는 것의 논리적 관계는 연역이다. 확률적 모델에서 법칙은 "높은 …… %의 …… 은 …… 이다"라는 형식을 갖는 확률법칙들이고 설명하는 것과 설명되는 것 사이의 논리적 관계는 귀납이다. 과학적 설명에 대한 일반적 이해를 돕는 대표적 책인 『*Aspects of Scientific Explanation*(과학적 설명의 여러 국면)』을 저술하였고, 그의 'D-N이론'이 만들어내는 여러 문제 해결을 위한 논의, 반론, 대안이 제안되었는데 대표적인 것들은 반 프라센의 '화용론적 설명 이론', 필립 키처의 '통일로서의 설명 이론', '인과적 설명 이론'이라고 볼 수 있다.

헴펠은 '이론의 본성', 즉 과학이론이 어떤 구조를 갖는가라는 문제에 관심을 가졌었는데, 카르납의 견해(과학이론은 무정의 용어들과 공리들의 공리체계(axiom system)와 그것의 해석, 즉 그것을 관찰 수준의 것들과 연결시켜주는 의미론적 규칙들(semantic rules)의 체계로 구성된 해석체계(an interpreted system)의 형태를 취한다)에 동의하였다. 그리고 헴펠은 뒤엠을 지지하며 이론이 법칙을 설명하는데 모델이 어떤 역할을 수행하지 않는다고 주장했다.

네이글, 브래드와잇, 굿맨

브래드와잇과 네이글 같은 과학철학자들은 '과학법칙의 특징'을 밝히는 일에 관심을 가졌었는데, 일반적으로 과학법칙은 "모든 …… 은 …… 이다"라는 보편진술형식을 갖고, 이것은 "우연한 일반 명제"와는 달리 실제로는 …… 한 사실이 없는데도 "만일 …… 이 일어난다면, …… 이 일어날 것이다"라는 형식으로 이루어진 "반사실적 조건 명제(counterfactual conditional)"를 입증하는 일에 쓰일 수 있다고 굿맨이 그의 책 『*Fact, Fiction and Forecast*(사실, 가정 그리고 예상)』 1장에서 주장한다.

『*The Structure of Science*(과학의 구조)』의 저자인 네이글은 비엔나학파의 논리실증주의 과학철학에 처음으로 주된 관심을 가진 미국 철학자였다. 그는 '과학적 설명'의 논리적 구조 및 '과학 이론의 인식적 격위와 구조'에 관한 문제에 주로 관심을 가졌었다. 그리고 그는 '과학적 진보' 주제에 대한 이론을 전개하였는데, 과학적 진보란 갈릴레오의 낙체법칙이 뉴턴역학으로 환원되고 고전열역학이 통계역학으로 환원되듯이 한 이론이 보다 더 포괄적인 이론으로 환원되는 즉 합병(incorporation)되는 것이라는 것을 근대과학의 역사는 잘 보여주고 있다고 주장했다.

포퍼

일명 비엔나학파라고 불리는 논리실증주의자들은 경험과학의 문장들이 의미(significance)를 가지려면 검증가능(verifiable)하여야 한다고 제안했다. 그러나 우리가 이렇게 엄격한 의미 기준을 받아들인다면, 우리는 보편명제 형식을 갖는 법칙과 같은 과학의 많은 일반문장들은 의미 없는 것으로 보아야 한다. 그래서 논리경험주의자들은 의미 기준을 다소 완화하여 경험과학의 일반문장들은 입증가능(confirmable)하여야 의미를 지닌다고 주장했다. 어떤 일반문장이 입증가능하다는 것은 그 일반문장으로부터 논리적으로 이끌어내지는, 즉 연역되는 특수문장이 검증가능하다는 것이다.

그러나 포퍼는 그의 책 『*The Logic of Scientific Discovery*(과학적 발견의 논리)』에서 경험과학의 의의는 그것의 방법에 의거하여 찾아야 하는데, '과학의 구획기준' 즉 경험과학과 사이비과학을 구분하는 기준은 '반증가능성(falsifiability)'이라고 주장했다. 포퍼는 적절한 경험과학의 방법은 이론이 지속적으로 반증될 수 있는 가능성에 열려 있도록 해야 한다고 주장한다. 그에 의하면, 반증가능성에 항시 열려 있음에도 불구하고 오랫동안 반증되지 않고 지탱되어온 이론이 훌륭한 이론이다. 이런 경우에 그 이론은 '방증'된 이론이라고 불린다.

포퍼는 그의 책 『*Conjectures and Refutations*(추측과 반박)』에서 과학의 역사는 추측, 반박, 수정된 추측, 재반박의 연속이라고 본다. 그리고 과학적 해석들이 지속적으로 반증가능성에 열려 있다는 것이 '과학적 진보'를 촉진한다고 본다. 하지만 앞에서도 언급하였지만 가설이 반증사례를 가졌을 때 가설을 바로 포기할 필요가 없다는 것도 사실이다.

쿤

논리실증주의 과학철학자, 포퍼는 주로 적절한 과학적 방법, 즉 과학자들이 모범으로 삼아야 될 방법들의 논리적 측면을 밝히면서 과학에 대한 합리적 재구성을 시도하였다. 그러나 과학사의 구체적이고 실제적인 자료들에 큰 관심을 가졌던 역사주의 과학철학자들은 주로 과학적 변화 또는 '과학적 진보'에 대한 합리적 재구성을 시도하였다.

근대 휘웰과 기본적인 생각을 공유했고 역사주의 과학철학의 고전들 중의 하나인 『*The Structure of Scientific Revolutions*(과학혁명의 구조)』의 저자인 쿤은 논리실증주의 과학철학자들의 과학이론, 입증, 환원, 과학적 설명, 과학법칙 등에 대한 분석, 즉 형식 논리들을 가지고 재구성한 것으로서의 과학은 실제의 과학 행위를 잘 표현해주지 못하고 있다고 주장한다.

그리고 포퍼의 반증의 방법도 비판하면서(즉 반증 사례가 있어도 얼마든지 과학 역사 속에 있어서 이론들이 퇴출되지 않는 경우가 많이 존재한다) 그는 '과학적 진보' 문제에 주된 관심을 가졌었는데, 과학의 역사 속에서의 과학의 발전에 대한 자신의 해석을 기초로 하여 과학적 진보에 대한 합리적 재구성을 시도하였다. 그리고 그의 과학철학은 과학적 방법에 관한 "과학적 방법은 …… 이어야 한다"는 형식의 규범적(normative) 결론들을 포함하고 있다.

쿤은 과학적 진보를 이론들의 환원, 즉 합병으로 보는 네이글과 같은 논리실증주의 과학철학자들의 과학적 진보에 대한 연속적 견해를 받아들이지 않고 과학적 진보는 과학자들이 현상을 파악하는 어떤 방식이 전혀 새로운 방식에 의해서 혁명적으로 대치됨으로써 이루어진다는 툴민과 한슨의 과학적 진보에 대한 불연속적 견해를 지지하였다. 그래서 그는 과학적 진보에서의 앞의 것과 뒤따르는 것의 불연속성의 중요성을 강조하는 과학적 진보에 관한 한 모델을 제안하였다.

그 모델에 따르면, 어떤 집단의 구성원들이 승인하고 있는 신념, 가치, 기술의 집합 즉 한 패러다임이 새로운 상황들에도 계속 적용되는 정상과학(normal science)의 기간과 앞선 패러다임과 새로운 패러다임이 경쟁하다가 패러다임 교체가 일어나는 혁명과학(revolutionary science)의 기간이 번갈아 나타나면서 과학은 진보한다는 것이다.

그런데 쿤의 "패러다임"의 애매, 모호성에 대한 비판들이 일어났었고 쿤과 옹호자들의 대응이 활발히 전개되었고, 쿤의 과학적 진보에 대한 모델이 일반적으로 과학 전반에 적용될 수 있는 것인가에 대한 물음도 제기되었다.

한편, '과학의 합리성' 주제에 합리주의자와 상대주의자 사이의 활발한 논쟁이 벌어졌을 때 쿤은 상대주의자의 대표적 한 사람으로서 참여했었다.

파이어아벤트

1950년대 후반과 1960년대에 들어 논리실증주의 과학철학은 공격을 받게 되었다. 그들은 '과학언어'를 관찰 수준과 이론 수준으로 엄격히 구분하고, 이른바 관찰언어들은 이론에 전혀 의존하지 않으며 의미를 갖고, 이론언어들은 관찰언어들을 통해서만 의미를 갖기 때문에 관찰언어들에 기생적이라고 주장했다. 그러나 파이어아벤트는 그의 논문 「An Attempt at a Realistic Interpretation of Experience

(경험에 대한 실재론적 해석의 한시도)」에서 관찰보고들이 이론언어들에 기생적이라고 주장했다. 콰인 역시 관찰보고들은 그것들이 그 안에서 일어나고 있는 이론의 맥락과 떨어져서 어떤 격위를 지니지 못한다고 논문 「Two Dogmas of Empiricism(경험론의 두 독단적 견해)」에서 주장했다.

파이어아벤트는 고전 열역학이 통계역학으로 뉴턴역학이 상대성이론으로 환원될 수 없다. 즉 전자와 후자는 '공약불가능(incommensurable)'하다고 주장하면서, '과학의 진보'가 한 이론이 보다 더 포괄적인 이론으로 환원, 즉 합병되는 것으로 이루어진다고 보는 네이글의 견해에 반대하였다. 툴민도 과학적 진보는 한 포괄적인 이론이 다른 포괄적인 이론에 의하여 혁명적으로 대치됨으로써 이루어진다고 주장했다.

파이어아벤트는 기존 이론뿐만 아니라 자기 자신의 생각에도 그저 안주하지 않고 끊임없이 비판적 생각을 지속하는 점에 있어 철학정신의 모범으로 일컬어질 만큼 좋은 평가를 받기도 하지만, 그의 생각은 여러 가지로 비판을 받기도 했다.

과학언어의 이론-의존적 또는 이론-적재적(theory-laden) 성격에 대해서 일반적이지는 않지만 이론 무의존적인 이른바 관찰언어의 독립성이 지켜질 수 있다고 비판하는 사람들이 나왔고, 경쟁 이론들의 '공약불가능성' 테제에 대해서도 내포적인 의미론적 측면에서는 가능할지 몰라도 외연적인 의미론적 측면 또는 존재론적인 측면에서는 공약 가능한 영역이 있는 것이 지켜질 수 있다고 비판받았다.

라카토스

1960년대에 과학철학자들은 '과학적 진보'의 합리적 재구성의 문제에 많은 관심을 보였다. 라카토스는 쿤이 과학의 역사를 정상과학의 기간들, 즉 한 패러다임에 부합하고자하는 합리성 기간들의 혁명적, 즉 비합리적 연속으로 그렸다고 해석하면서 과학사와 달리 과학철학은 과학적 변화에 대한 해석으로서 과학이론의 교체에 관한 합리적 재구성의 문제에 관심을 가져야 된다고 주장했다.

포퍼는 한 이론에 대한 반증 증거들이 발생하면 그 이론은 더 이상 살아남지 못한다고 주장하였다. 그러나 쿤에 의하면 뉴턴역학의 경우처럼 실제의 과학사가 보여주듯이 어떤 이론에 대한 반증 증거가 생기더라도 바로 그 이론이 반박되는 것이 아니고, 우리는 그 이론을 계속 사용한다. 라카토스는 이 점에 있어서 쿤에 동의하지만, 라카토스는 과학에서 평가의 기본단위가 개개의 이론들이라기보다는 "연구 프로그램들(research programmes)"이어야 된다고 「Falsification and the Methodology of Scientific Programmes(반증과 과학 연구 프로그램의 방법론)」에서 주장하였다. 여기서 연구 프로그램이란 방법론적 규칙들(methodological rules)의 집합인데, 그 규칙들의 일부는 연구의 경로가 피해야 할 것들을 지적해주는 부정적 발견지침(negative heuristic)이고 다른 것들은 연구의 경로가 추구해야 할 것들을 지적해주는 긍정적 발견지침(positive heuristic)이다.

한 연구 프로그램의 부정적 발견지침은 그 연구 프로그램을 이행하는 사람들에 의하여 약정으로서 승인되고 반박될 수 없는 것으로 여겨지는 핵심 명제들("hard core" propositions)을 보호한다. 예를 들어, 뉴턴 연구 프로그램의 핵심명제들은 운동에 관한 세 가지 공리들과 중력의 법칙 등이다. 그리고 긍정적 발견지침은 과학이론들에 대해서 어느 특정 단계에서 일어날 수 있는 문제점들이 극복될 수 있는 방식으로 일련의 이론들을 세우는 데 필요한 방책이다. 예를 들어, 뉴턴 연구 프로그램의 긍정적 발견지침은 뉴턴 이론이 부닥치게 될 난점들을 극복하는데 필요한 "보호 띠" 보조가설들["protective belt" of auxiliary hypotheses), (케플러 법칙들로부터 한 행성의 일탈 현상은 다른 행성들의 섭동 영향에 기인한다는 뉴턴 프로그램의 지지자들에 의한 가정 등]을 제공한다.

이론들의 평가에 대한 객관적인 기준의 존재를 인정하지 않았던 과학철학의 '상대주의자' 쿤에 반대하여, 라카토스는 이론들의 연속에 대한 객관적 기준이 있다고 '합리주의자'의 길을 택했다. 그리고 그 기준의 조건들이 충족될 때 이론들이 진보하는 것이라고 주장하는데, 여기서 그 기준은 후속이론이 앞선 이론에 의해서 설명하는 것들을 모두 설명할 수 있고, 후속이론이 앞선 이론보다 많은 경험적 내용을 갖고 후속이론의 부가적 내용의 일부가 입증되어야 한다는 것이다. 라카토스는 이러한 이론들의 진보적 연속을 수행하는 연구 프로그램이 좋은 평가를 받는다고 주장한다.

'상대주의자' 파이어아벤트는 라카토스의 과학적 진보에 대한 합리적 재구성은 긴 과학의 역사 진행 전반에 걸쳐 적용되기보다는 비교적 어떤 한정된 시간 속에서만 적용되는 것이라고 비판한다. 그리고 라카토스는 연구 프로그램의 평가에 대한 자신의 기준을 과학자들이 연구를 진행할 때 꼭 따라야만 되는 것으로 강요할 필요는 없다고 주장하면서, 과학자들이 지금은 진보적이지 않은 프로그램을 보다 많고 깊은 연구가 그 프로그램을 진보적인 것으로 만들 것이라는 희망을 갖고 선택하는 것은 전혀 비합리적이지 않다고 생각한다.

로던

로던은 과학철학과 과학사는 상호의존적이라고 주장한다. 그에 의하면, 과학사는 성장에 관한 우리의 직관들(예를 들어, 1800년에 아리스토텔레스역학을 거부하고 뉴턴역학을 받아들인 것은 합리적이었다, 1925년에 일반상대성이론을 받아들인 것은 합리적이었다 등)의 자료이고, 과학철학은 이러한 직관들 속에 구체화되어 있는 합리적 이상을 설명하는 2차적 해설이다.

로던은 극단적인 논리주의는 과학사를 과학철학과 무관한 것으로 만들었고 극단적인 상대주의는 과학철학을 과거와 현재의 과학적 실행에 관한 기술로 환원시켰다고 비판하면서 논리주의와 상대주의의 중간적 입장, 즉 과학철학과 과학사는 상호의존적이라는 입장을 주장하였다. 그에 의하면, 과학철학은 모범적 경우들(standard cases)에 대한 2차적 기술을 하고 있다는 점에서는 기술적(descriptive) 요소를 지니고 있고, 그 외의 경우들이 따라야만 하는 점들을 지적해 주는 점에서는 규정적(normative) 요소를 지니고 있다. 기술적 요소만을 지닌 과학사와 이점에서 과학철학이 다르다고 할 수 있겠다.

셀라즈, 콰인, 퍼트남, 보이드

20세기 논리실증주의자들이 '과학이론의 인식적 격위'에 관한 실재론/반실재론 논쟁에 언어 분석적 접근방식을 도입한 장본인이라는 것은 명백하다. 그들은 이론적 용어와 이론의 해석(interpretation)에 관한 문제에 관심을 보였다. 실증주의자들은 이론이 진술들의 구성체가 아니라 단지 논리적 도구라고, 또한 이론적 용어는 실재자(existent)를 지시하지 않는 것으로 해석한다.

셀라즈, 콰인, 퍼트남, 보이드 같은 저명한 철학자들이 실재론을 되살렸고, 1960년대와 1970년대에 그것을 지배적인 견해로 만들었다. 그들에 의하면, 외관상으로 진술처럼 보이는 과학의 문장은 진짜 진술, 즉 옳거나 그를 수 있는 문장이다. 그리고 이론적 대상은 실재자를 지시하고자 한다.

퍼트남은 다음과 같이 말한다:

실재론자는 (주어진 이론이나 담론과 관련하여) (1) 그 이론이나 담론의 문장들은 옳거나 그르고, (2) 그것들을 옳거나 그른 것으로 만드는 것은 *외부의* 어떤 것[즉, (일반적으로) 우리들의 실제 또는 잠재적 감각 데이터나 정신의 구조 또는 우리들의 언어 등의 것이 아니다]이라고 주장한다.[1)]

또한 보이드는 다음과 같이 말한다:

(1) 과학 이론에서 이론적 용어들(즉, 비관찰 용어들)은 추정적인 지시 표현들로 생각되어야만 한다. 그래서 과학이론들은 "실재론적으로" 해석되어야만 한다. (2) 실재론적으로 해석된 과학 이론들은 입증 가능하고 실제로 통상의 방법론적 기준들에 맞게 해석된 통상의 과학적 증거에 의해서 근사적으로 옳은 것으로 종종 입증된다. ……

---

1) Putnam, H., *Mathematics, Matter and Method,* Vol. I(Cambridge: Cambridge University Press, 1975), 69-70.

(4) 과학 이론들이 기술하는 실재는 우리들의 사고나 이론적 언질에 충분히 독립적이다.[2)]

반 프라센

'과학적 실재론' 토론의 진행 수준이 1980년에 반 프라센에 의하여 그의 책 『*The Scientific Image*(과학 이미지)』 출판과 더불어 바뀌었다. 반 프라센은 앞의 실재론자들의 이론적 용어와 이론의 '해석'에는 동의하지만, 지식론적(epistemological) 문제를 제기하여 반실재론자와 실재론자 사이의 논쟁을 다시 일어나게 했다.

그의 실재론에 대한 반대는 이론과 이론적 대상에 관한 지식론적 수준에서 진행된다. 그에 의하면 비록 이론이 옳거나 그르고 그것이 가정하는 이론적 대상이 실제로 존재할는지도 모르지만, 그 이론이 옳고 그것에 의하여 가정된 대상이 실재한다는 주장에 대한 충분한 증거가 없다.

반 프라센은 과학이 이론 구성에 있어 그 자체로 옳은 이론을 구성하는 것을 목표로 삼을 필요가 없다고 실재론자들에게 반대하면서, 과학이론은 그것이 관찰 가능한 것들에 관하여 이야기하는 바가 옳으면 된다. 즉 경험적 적합성(empirical adequacy)을 지니면 된다고 주장한다.

그리고 반 프라센은 과학이론에 대한 그의 견해와 조화를 이루는 과학적 설명에 관한 견해를 제안하였다. 그는 이론적 수준에서의 과학적 설명의 조건들 중의 하나로 설명하는 이론이 옳거나 적어도 입

2) Boyd, R. N., "The Current Status of Scientific Realism", in J. Leplin(ed.), *Scientific Realism* (Berkeley & Los Angerles: University of California Press, (1984), 41-42.

증(confirmation)되어야 한다는 헴펠의 과학적 설명 모델을 비판하고, 설명이란 맥락에 의존하여 "왜 …… 인가?"라는 물음에 적절히 충분한 이해를 시켜주는 답변을 제시하는 것이라는 설명에 대한 실용주의적(pragmatic) 모델을 제안하였다.

그는 또한 시공간의 문제, 양자론, 이론과학에서의 대칭성 사고의 역할 등에 대하여 영향력 있는 저술을 남기고 있다.

해킹

1950년대 이래 실재론자들은 과학적 실재론을 이론의 진리성에 대한 주장으로 여겨왔지만, 오늘날 여러 실재론자들은 과학적 실재론을 어떤 이론적 대상들이 실재한다는 주장에 한정시키는 편이 보다 낫다고 생각한다. 데빗은 그의 책 『*Realism and Truth*(실재론과 진리)』에서 과학적 실재론을 이론적 대상들, 상태들 그리고 과정들에 관한 주장으로 한정시키는 편이 보다 나을 것 같다고 제안하고 과학적 실재론을 "대부분의 …… 과학적, 물리적 유형들의 개개의 사례들이 객관적으로 정신적인 것과 독립해서 존재한다"고 정의한다.[3)]

실재론자와 반실재론자 사이의 현재 논쟁은 주로 '이론적 대상'에 대한 '지식론적 문제'에 관해서 진행된다. 실재론자는 훌륭한 이론에 의하여 가정된 이론적 대상의 실재성에 관한 신념이 정당화된다는 것을 보여줘야 된다.

해킹은 그의 책 『*Representing and Intervening*(표현하기와 개입하기)』에서 이론화(theorizing)의 수준에서는 과학적 실재론을 결정적으로 지지하거나 반대하는 논증이 있을 수 없는 것이 아닌가 의심한다.

---

3) Devitt, M., *Realism and Truth* (Princeton: Princeton University Press, (1984), 22.

그렇더라도 실험(experimentation)의 수준에서 (이론적 대상에 대한) 과학적 실재론을 위한 결정적 논증이 있을 수 있다고 생각한다.

해킹에 의하면, 물리적 세계의 다른 부분에 직접적으로 영향을 주는 인과적 도구로써 전자와 같은 어떤 이론적 대상들을 실험에서 사용하는 것이 그것들의 실재성에 관한 신념의 정당화에 대한 충분한 증거이다.[4]

해킹은 전자와 같은 일부 이론적 대상들이 실재한다는 신념에 대한 완벽한 정당화의 경우에 증거가 쿼크와 같은 보다 더 가정적인 이론적 대상을 연구하는 실험에서 전자와 같은 이론적 대상을 우리들이 인과적 도구로써 사용하고 있는 것이라고 주장했다. 그는 (지식론적 수준에서) 전자에 대해서는 강한 의미로 실재론자이지만, 쿼크에 대해서는 강한 의미로 실재론자가 아니다. 해킹의 특수실재론(realism-in-particular)에 대한 강조는 뒤에서 본격적으로 살펴보게 될 포스트모던 과학철학의 특질과 잘 어울린다.

'이론의 인식적 격위' 주제와 관련하여 과학은 옳거나 적어도 옳을 것 같은 이론을 세우는 것을 목표로 삼아야 하는가 아니면 단지 적절한 설명과 예측을 해내는 도구적 역할만을 수행해내는 이론을 구성하는 것을 목표로 삼아야 하는가 등 '과학 목표'에 관한 문제가 다루어진다. 일반적으로 실재론자는 전자에 그리고 반실재론자는 후자의 과학 목표에 동의한다.

해킹은 또한 '확률'과 '연역 추리에 관한 이론의 경과' 등에 대해서

4) 그리고 필자는 "An Examination of the Current Debate between Epistemological Scientific Realism and Antirealism Focusing on van Fraassen's Antirealism and Hacking's Realism"에서 해킹의 실험실재론이 가질 수 있는 약점을 보강하면서 더욱 튼튼한 입장으로 만들고자 노력하였다.

도 역작을 남기고 있다.

파인

파인은 '과학의 실재론'에 대한 '국소적인(local)' 흥미 유발과 '총체적인(global)' 흥미 유발을 구별하였다.[5] 과학에서 특수한 이론적 대상들이 실재하는가를 확인하는 것은 해킹과 같이 중요한 문제라고 생각한다. 한편, 전통적인 실재론자와 반실재론자들은 가끔 '전체로서의 과학(science-as-a-whole)'에 관한 물음을 제기하기도 한다. 즉 과학이 해석을 필요로 하는 일련의 작업이라고 생각한다.

파인은 전통적 실재론과 반실재론이 아닌 제3의 노선을 선택하였는데, 과학을 있는 그대로 받아들이는 것이다. 그는 자신의 입장을 '자연스러운 존재론 태도(Natural Ontological Attitude)'라고 명명하였는데, 이는 지식 주장으로서의 '과학의 보증된 결과(certified results of science)'를 상식의 발견과 동등한 방식으로 수용하려는 입장을 포함하고 있다.[6] 그에 따르면 '과학의 목표'에 대한 어떤 전략도 왜 개별적 감각이 전체적인 진술을 만들어 내야만 하는지에 관한 이유를 설명할 수 없다.[7] 그리고 그는 NOA의 가장 큰 장점이 적합한 과학철학이 얼마나 최소화될 수 있는지에 대한 관심을 유발시킨다는 것이라고 주장했다.[8]

---

5) Fine, A., "The Natural Ontological Attitude," in J. Leplin (ed), *Scientific Realism*, 83-107.

6) Fine, "The Ontological Attitude," 96.

7) Fine, A., "And Not Anti-realism, Either," in J. A. Kourany (ed), *Scientific Knowledge*(Belmont, Calif.: Wadsworth, (1987), 366.

8) Fine, "The Ontological Attitude," 101.

카트라잇

카트라잇은 앞선 과학철학자들의 전통과는 달리 과학 그리고 그것이 만들어내는 지식을 제대로 이해하기 위해서는 훌륭한 성과를 창출하고 있는 실제 과학의 실행을 탐구하여야 한다는 데 생각을 같이한 해킹, 갤리슨 등이 속하는 '스탠포드학파' 과학사가/과학철학자의 한 사람이다.

그녀는 흄, 카르납보다는 밀, 노이라트풍의 경험주의자이고 플라톤이 아니라 아리스토텔레스풍의 형이상학 견해를 지녔다.

카트라잇은 그녀의 책 『*How the Laws of Phycics Lie*(물리학 법칙들의 속임수)』에서 뉴턴 물리학의 기본법칙들이 옳다는 법칙 중심적 형이상학 견해인 근본주의(fundamentalism) 생각과는 달리 그런 법칙은 실제로는 그르다고 주장한다. 그리고 사물들이 갖는 인과성(causation), 인과적 능력(causal capacities), 인과적 힘(causal power)의 실재성을 굳게 믿는다.

그녀의 책 『*The Dappled World*(얼룩덜룩한 세계)』에서 통일과학운동에 반대하며 스탠포드학파의 슬로건의 하나인 '과학의 불통일(disunity of science)'을 따르며 과학의 이른바 '조각보 모델(patch-work model)'에 동조한다.

과학철학에서 모던성 VS 포스트모던성

가. 특징들의 대조

과학철학에서 모더니즘과 포스트모더니즘은 서로 다른 특질들을 지니고 있다.[9] 모던 과학철학의 중심 생각은, "무엇이 탐구를 (또는 그것의 결과를) 과학적으로 만드는가(즉, 무엇이 성공적인 과학을 만드는가)에 대해서 잘 설명해주는 하나의 통일된 이론이 꼭 있어야 한다는 것이다."[10] 그리고 "그런 통일된 이론의 의의는 실증주의자들이 제안한 합리적 재구성처럼, 그것이 관여하는 범위가 일반적이어서 과학의 자율성과 과학의 문화적 권위를 정당화한다는 것이다."[11] 문학이론에서 이 모더니스트의 이상을 '주인 이야기(the master narrative)' 라고 부른다. 전통적 실재론자들이 입증에 대한 형식적 이론을 구축하고자 하는 실증주의자들의 시도들에는 일반적으로 반대하였지만, 전통적 실재론 역시 이 모던 전통 속에 들어간다.

전통적 실재론자들은 여전히 과학이 귀추법(abduction)[12]이라는 특

9) 본 주제 관련 내용의 일부를 필자는 『범한철학』 15집, 188-92에서 다루고 있다.

10) Joseph Rouse, "The Politics of Postmodern Philosophy of Science" *Philosophy of Science* 58 (1991): 608.

11) 같은 곳.

유한 한 논증형식을 채택하고 있는 것으로 생각한다. 그들은 이 귀추논증형식을 통하여 성숙된 과학의 이론들이 옳다, 즉 정신과 독립적인 실재 세계의 구조를 반영한다고 믿는다.[13] 따라서, 귀추논증형식이 성숙된 과학의 권위와 자율성을 정당화시켜준다고 생각한다.[14]

더 나아가 쿤의 '상대주의'(경쟁하는 이론들 사이에서 어떤 이론을 선택해야 하는가에 대한 우월한 기준이 있고 그 기준에 근거하여 선택된 이론은 이 세상에 대한 진리를 표현하고 있다는 합리주의에 반대하여 그러한 기준은 존재하지 않는다는 주장)와 파이어아벤트의 '반과학적 사고'(문화의 여러 영역 중에 과학이 우월하다는 신념에 대한 정당성을 주장하는 실증주의자와 실재론자에 반대하는 생각)도 모던 전통에 속한다. 왜냐하면 그들도 역시 과학의 자율성과 문화적 권위의 확보를 위해서는 그것들을 합법화하는 하나의 통일된 이론이 필요하다는 생각에 동의하기 때문이다. 이런 동의 때문에, 실증주의자와 실재론자의 그러한 합법화 시도의 실패를 바탕으로 그들은 과학의 우월성에 반대하는 입장을 가질 수 있었다.[15]

결론적으로 모던 과학철학의 중심 생각은 '통일된(또는 포괄적)' 그리고 '철학적(즉 실증주의적 또는 실재론적)' 이야기가 무엇이 탐

---

12) 귀추법(abduction)은 C. S. 퍼어스가 처음으로 정식화하였고 뒤에 '최선의 설명으로의 추리(Inference to the Best Explanation)'로 불린 다음과 같은 한 추리형식이다. 만일 당혹스런 어떤 현상에 대하여 최선의 설명을 제공하는 가설이 있다면, 우리는 그 가설이 옳다고 믿는다. 그리고 이 추리가 귀납의 한 형태인지 아니면 연역과 귀납 외의 새로운 추리형식인지에 대해서 토론이 벌어졌다.

13) '최선의 설명으로의 추리'를 바탕으로 이론에 대한 과학실재론의 정당화에 대한 시도를 보이드가 그의 논문 "Determinism, Laws and Predictability in Principle"(*Philosophy of Science* 39, 1972)과 "The Current Status of Scientific Realism"(*Scientific Realism,* ed. by J. Leplin)에서 보여주고 있다.

14) Rouse, "The Politics of Postmodern Philosophy of Science", 608.

15) 같은 곳. 이런 까닭에, 필자는 쿤과 파이어아벤트의 과학철학을 포스트모던 과학철학으로 분류하는 입장(예를 들어, 김욱동 교수의 「포스트모더니즘」, 『과학사상』 18호 1996년, 207에서의 견해)에 동의하지 않는다.

구(또는 그 결과)를 과학적으로 만드는가에 대한 지침으로 작용해야 하고, 이 지침은 '일반적' 적용범위를 가져야 한다는 것이다. 따라서 모던 과학철학의 첫 번째 특질은 성공적 과학의 정당성을 밝혀주는 통일된 또는 포괄적 그리고 일반적 이론의 정립에 대한 강조이다. 그리고 두 번째 특질은 어떤 탐구(또는 그것의 결과)가 과학적인지 아닌지를 결정해주는 과학에 대한 지도지침으로서의 철학적 이론에 대한 강조이다.

모던 전통에 반대하여 포스트모던 과학철학은 "합리성 또는 진리를 수단으로 과학의 정당성을 밝혀주는 포괄적 이론을 세우려는 시도에 반대하는 포스트실증주의 과학철학자들의 입장을 수용한다."[16] 포스트모던 과학철학은 실증주의자들의 과학에 대한 포괄적인 합리적 재구성과 전통적 실재론에 반대한다. 아울러 포스트모던 과학철학은 "포스트실증주의 과학철학자들이 실증주의와 전통적 실재론을 비판하여 얻은 이른바 상대주의적 또는 반과학적 결론들을 받아들이지 않는다."[17] 포스트모던 과학철학은 쿤의 상대주의와 과학의 이른바 문화적 우월성을 인정하지 않는 파이어아벤트의 생각에 반대한다. 따라서 과학철학에서 포스트모던성은 모던성, 즉 무엇이 탐구 또는 그것의 결과를 성공적인 과학으로 만들어주는가에 대해서 잘 설명해주는 포괄적 이론이 꼭 있어야 한다는 생각을 거부한다. 반대로 포스트모던 과학철학은 각각의 그런 경우들을 잘 설명해주는 각각의 국지적 이야기들의 중요성을 강조한다. 그렇지만 포스트모던성은 과학의 자율성과 문화적 권위에 반대하지 않는다. 포스트모던 과

16) 같은 논문, 609.

17) 같은 곳.

학철학자들은 이것들이 과학 일반에 대한 포괄적인 이론 없이도 가능하다고 믿는다. 포스트모던 과학철학에서 '권위'는 적용범위가 국지화될 수밖에 없다. 합리성 또는 진리를 수단으로 과학의 정당성에 대한 포괄적인 이론을 세우고자 했던 모던 과학철학의 시도에 반대하는 포스트모던 과학철학의 입장을 과학철학에서의 '반본질주의'라고 부른다.

포스트모던 과학철학은 성공적 과학의 정당성을 밝혀주는(과학에 대한 지도지침으로 작용하는) 철학적 이론의 필요성을 거부한다. 그리고 이것을 포스트모던 과학철학의 과학에 대한 '신뢰 태도'라고 부른다. 포스트모던 과학철학은, "전반적으로 좋은 이해를 제공하고 있는 과학을 신뢰하고 또 우리의 일상적인 양식을 신뢰한다."[18] 이것은 포스트모던 과학철학이 파이어아벤트 같은 포스트실증주의 과학철학자들의 반과학적 결론에 찬성하지 않는다는 것을 보여준다. 그렇지만 과학에 대한 신뢰 태도가 과학 행위에 대한 철학적 반성과 비판의 여지가 전혀 있을 수 없다는 것을 의미하지는 않는다. 과학철학에 대한 포스트모던 접근방식이 추구하는 것은 과학철학적 토의들이 실제의 과학적 행위들에 보다 더 많은 관심과 주의를 기울여야 한다는 것이다. 과학에 대한 '신뢰 태도'를 통하여 과학의 합리적 승인 속에 실제로 무엇이 포함되어 있는가, 또는 보일의 말대로 무엇이 "현명한 사람의 승인"[19]을 받을 만한 가치가 있는 것인가에 관한 이해를 얻을 수 있다는 것이다. 이러한 작업은 과학적 탐구와 관련된 다양한 맥락들, 즉 과학적 탐구가 그 안에서 진행되고 있는 역

18) 같은 논문, 612.

19) 같은 논문, 624.

사적 그리고 당대의 많은 관련 맥락들에 관한 연구를 포함한다. 이러한 상세한 작업을 통하여 개개의 특별한 경우의 각각의 판단들에 필요하고 적절한 국지적 그리고 특수한 기준들을 얻는다. 여기서 포스트모던 과학철학이 쿤의 상대주의에 반대한다는 것을 알 수 있다. 왜냐하면 포스트모던 과학철학이 개개의 특별한 경우의 각각의 판단들에 대한 국지적이고 특수한 기준들을 주장한다 할지라도, 어쨌든 과학에서 특별한 경우에 월등히 적절한 기준들이 존재한다고 주장하기 때문이다. 그러나 쿤은 과학혁명기에 이론 선택의 기준이 되는 것들은 모두 다 국지적이고 특수한 성격의 것들이라고 주장하지만, 그는 또한 개개의 특별한 경우의 각각의 선택들에 관계하는 기준들 중에서 다른 것보다 근본적으로 월등히 나은 국지적 기준이 존재하는 것은 아니라고 분명히 주장한다. 따라서 포스트모던 과학철학은 특별한 경우 각각의 판단들을 의미 있게 해주는 오직 '국지적'으로 적절한 기준을 가질 수 있고, 철학적 토의가 실제 과학의 행위들에 보다 더 많은 주의를 기울여야 한다고 주장한다. 그런 까닭에 포스트모던 과학철학의 첫 번째 특질은 특수한 개개의 경우들의 판단에 적절한 국지적 기준을 강조하는 것이다(반본질주의). 두 번째 특질은 일반적인 철학적 이야기가 아니라 실제의 구체적인 과학적 실행들의 중요성을 강조하는 것이다(과학에 대한 '신뢰 태도').

필자는 포스트모던 과학철학의 특질들, 특히 과학일반에 대해서 포괄적으로 잘 설명해주는 이야기에 대한 거부와 개개의 특별한 경우들의 판단을 위한 국지적이고 특수한 기준들에 대한 관심 등이 강한 흥미를 돋운다고 생각한다. 실제의 과학사는 모든 과학 분야들 그리고 모든 수준의 이론들에 타당하고 그것들의 합당성을 밝혀주는 포괄적 이론을 찾는 것이 쉽지 않을 것 같다는 사실을 보여준다. 기껏해야 개개의 특수한 경우들의 각각의 판단에 관한 국지적 기준이 수립될 수 있을 뿐이다.

그렇지만 어떤 사람은 모든 과학 분야들에 타당한 포괄적 합당화 이론을 갖는 것이, (예를 들어, 합리적 재구성 방법론을 갖는 것처럼) 방법론적으로 명백히 이점을 갖는다고 주장할 것이다. 그래서 그런 사람은 포스트모던 과학철학의 반본질주의보다 모던 과학철학의 본질주의를 선호할 것이다. 그렇지만 필자는 방법론적으로 편리하다는 사실 그 자체만이 그러한 통일된 합당화 이론이 발견될 수 있다는 것을 보장하지 못한다고 생각한다. 아울러 '단순성 원리'가 이론 선택의 기준에서 효율성, 경제성 등의 기준에는 적합하지만 그것 자체가 선택된 이론의 타당성를 확보해주지는 못한다는 것이 이미 널리 알려져 있는 것도 사실이다.

결론적으로 과학철학에서 모던성의 특질들은 성공적인 과학에 대한 통일된 그리고 일반적으로 합당한 이야기와 어떤 탐구 또는 그것의 결과가 과학적인지를 결정해주는 철학적 지침을 강조하는 것인 반면에, 포스트모던성의 특질들은 개개의 경우들의 판단을 위해서 적절한 특수하고 국지적인 기초와 실제의 구체적인 과학적 실행에 대한 관심을 강조하는 것이다.

나. 포스트모던 과학철학의 한 예–해킹의 과학실재론

2장 라.절 마지막 부분에서 다룬 과학철학자 해킹, 파인, 카트라잇의 입장을 '포스트모던 과학철학'으로 분류될 수 있다는 것은 앞에서 간단히 서술한 바 있다. 여기서는 그 중의 하나인 해킹의 과학실재론이 왜 '포스트모던 과학철학'으로 분류되는 것이 타당한가를 자세히 설명코자 한다.[20]

해킹은 과학 이론에 주목할 때 실재론이 전적으로 옳거나 그르다는 것을 보여주는 결정적 논증이 존재하지 않는다고 생각한다.[21] 그리고 **이론적 대상에 관한** 과학실재론[22]에 대해서도 이론과학의 수준에서 그것을 결정적으로 입증하는 논증이 존재하지 않는다고 주장한다. 다시 말해서 그는 과학이론의 성공으로부터 이론적 대상들의 실재성을 추리하는 다음과 같은 전통적인 '이론으로부터의 논증'을 거부한다:

> T. 만일 X라는 종류의 대상들을 가정하는 어떤 이론이(아마 특별한 종류의) 예측적 그리고/또는 설명적 성공을 획득하면, X들의 존재를 믿는 것에 대한 충분한 근거를 갖는다.[23]

왜냐하면 해킹은 한 이론의 설명력 또는 예측력은 그 이론의 진리성에 관한 완벽한 정당화를 제공하지 못한다고 생각한다.[24] 이론의

---

20) 본 주제 관련 내용의 일부를 필자는『범한철학』15집, 193-99에서 다루고 있다.

21) Hacking, *Representing and Intervening,* 139 & 143-45. 해킹은 이론에 대해서 *옳다*는 신념이 아니라 이론이 *옳을 것 같다*는 신념에 대한 충분한 근거를 갖는다고 주장한다.

22) 앞으로 "과학실재론"은 주로 이론적 대상에 관한 과학실재론을 가리키는 것으로 사용하겠다. 1950년대 이래 많은 실재론자들은 과학실재론을 이론의 진리성에 대한 주장으로 여겨왔지만, 해킹은 과학실재론을 '대상에 관한 실재론'과 '이론에 관한 실재론'으로 나누었고(*Representing & Intervening*), 하레는 이론에 관한 '진리 실재론(truth realism)'을 전통적 실재론 그리고 이론적 대상에 관한 '지시 실재론(referential realism)'을 수정된 실재론이라고 불렀다(*Varieties of Realism*). 그리고 오늘날 데빗과 같은 여러 실재론자들은 과학실재론을 어떤 이론적 대상들이 실재한다는 주장에 한정시키는 편이 낫다고 생각한다(*Realism and Truth*). 왜냐하면 실재론 그 자체는 존재에 관한 신조이기 때문이다.

23) Harmon R. Holcomb III, "Hacking's Experimental Argument for Realism", *The Journal of Critical Analysis* 9, no. 1 (1988): 2.

24) Hacking, *Representing and Intervening,* 51-53 & 143.

설명력 또는 예측력은 그 이론의 진리성에 대한 충분한 근거가 되지 못한다. 그런 까닭에 어떤 이론의 진리성에 대한 근거 바로 그것이 그 이론에 의해서 가정된 이론적 대상의 실재성에 대한 근거라고 생각한다 할지라도 한 이론의 설명적 또는 예측적 성공은 그 이론이 가정하는 이론적 대상의 실재성에 대한 충분한 증거가 못된다고 주장한다.

해킹은, 그렇지만, 실험과학의 수준에서 **이론적 대상에 관한** 과학 실재론을 위한 결정적 논증이 있을 수 있다고 생각한다. 상당히 많은 이론적 대상들이 실제로 존재한다는 신념이 다음과 같은 '실험으로부터의 논증'에 의해서 충분히 입증된다는 것이다:

> E. 만일 우리들이 X라는 종류의 이론적 대상들을 y라는 종류의 더 가정적인 대상들을 탐지하기 위하여 실험적으로 조작한다면, X들의 존재를 믿는 것에 대한 충분한 근거를 갖는다.[25)]

해킹에 의하면, 물리적 세계의 다른 부분에 직접적으로 영향을 주는 인과적 도구로 전자와 같은 이론적 대상들을 실험에서 조작, 사용하는 것이 그것들의 실재성을 충분히 정당화하는 증거이다.[26)] 그는 **실험에 주목하고 실험적 조작가능성에 기초하여** 이론적 대상들에 대한 완벽한 의미의 지식론적(epistemological) 과학실재론을 주장한다. 그래서 그의 실재론은 실험실재론(Experimental Realism)이라고 불린다.[27)]

---

25) Holcomb, "Hacking's Experimental Argument for Realism," 3.

26) 해킹은 전자의 실재성에 대한 정당화의 경우를 *Representing and Intervening*에서 스탠포드 과학자들(LaRue, Fairbank, Herbard)의 '자유' 쿼크 탐지실험과 전자총 'PEGGY II' 예를 가지고 잘 보여준다.

이론이 아니라 실험에 주목하면서 해킹은 이론의 설명력, 예측력 등의 이론에 대한 일반적 사실들을 기초로 '최선의 설명으로의 추리'와 같은 포괄적 수준의 추리를 통하여 실재론을 정당화하려고 하지 않는다. 그는 '무엇이 무엇의 원인인가? 등'의 특수한 사실들에 주목하는 본질상 국지적인 추리들을 통하여 실재론을 정당화한다.

해킹은 실험에서 조작할 수 있는, 즉 세상의 다른 부분에 직접적으로 변화를 야기하는 실제 도구로 사용할 수 있는 일부 이론적 대상들에 대해서 완벽한 의미로 실재론자이다. 그는 '그런 대상들이 **실재한다**'는 신념이 그것들의 조작가능성, 즉 인과적 도구로 사용함을 충분한 근거로 하여 정당화된다고 주장한다.

그러나 해킹은 일부 다른 이론적 대상들, 즉 그것들에 관한 가설이 시험되고 있을 뿐이거나 그것들의 어떤 물리량이 측정되고 있을 뿐인 이론적 대상들에 대해서 완벽한 의미로 실재론자가 아니다.[28] 예를 들어, 기본 최소 전하 측정을 위한 밀리컨 실험의 기본적인 생각을 채택하여 '자유' 쿼크를 탐구하고자 하는 스탠포드 과학자들의 실험에 관련하여 해킹은 전자에 대하여 완벽한 의미로 실재론자이다. 왜냐하면 스탠포드 실험과학자들이 니오브 볼의 전하를 변화시켜주는 실제 도구로 전자를 사용하고 있다는 전자의 실재성에 대한 충분한 근거를 우리들이 가지고 있다고 그는 믿기 때문이다.

---

27) "실험실재론(Experimental Realism)"이란 용어는 칸토르가 그의 책 『*Atomic Order: An Introduction to the Philosophy of Microphysics*』(p. 208)에서 사용한 "the experimental realism of physics"로부터 온 것으로 여겨진다. 그리고 1980년대에 실험에 대한 철학적 · 역사적 · 사회학적 연구들이 활발히 진행되었는데, 대표적 학자들은 해킹, 갤리슨, 라투어, 울가, 피커링, 콜린스, 샤핀, 프랭클린 등이다.

28) 이 경우들에 대해서 해킹은 완벽한 의미로가 아니라 오직 *약한 의미로만* 실재론자이다. 그는 그런 이론적 대상들에 관한 가설에 대한 시험의 성공 또는 물리량의 성공적 측정을 토대로 '그것들이 **실재할 것 같다**'는 신념을 가질 수 있을 뿐이라고 주장한다.

그렇지만 해킹은 그 과학자들이 탐구하고 있는 쿼크에 대해서는 완벽한 의미로 실재론자가 아니다. 해킹은, 또한 과학자들이 전자총 PEGGY II를 사용하면서 약 중성류 또는 중성 보존을 탐구하고 약 중성류 상호작용에서 우기성 위배를 탐지하고자 하는 실험과 관련하여 약 중성류와 중성 보존에 대하여 아직 실재론자가 아니다. 그는 중성 보존의 실재성에 대한 신념이 훗날 다른 것들을 탐구하기 위하여 그것을 실험에서 조작할 수 있을 때 충분히 정당화될 수 있을 것이라고 생각하고 있지만 어쨌든 그 신념이 지금은 정당화되지 못한다고 주장한다.

그렇지만 그는 전자의 실재성은 그 PEGGY II 예에서도 실험과학자들이 전자의 잘 알려진 인과적 특성들을 사용하면서 전자를 잘 조작하고 있기 때문에 완벽히 정당화된다고 주장한다. 그래서 해킹은 특히 그 **전자**의 경우에는 (완벽한 의미의) 실재론자이지만, 특히 그 **쿼크, 중성 보존, 약 중성류**의 경우들에는 (완벽한 의미의) 실재론자가 아니다.

해킹은 특수실재론(realism-in-particular)과 일반실재론(realism-in-general)을 구분한다. 이 구분을 이해하기 위하여 해킹이 카트라잇으로부터 인용한 것을 살펴보자:

> …… 광전효과에 대한 아인슈타인의 연구발표 뒤에 줄곧 광자는 빛에 대한 이해를 위해서 없어서는 안 될 필수적 요소가 되어왔다. 그러나 윌리스 램과 그의 동료들과 같은 진지한 광학 연구자들은 보다 깊은 이론이 광자는 기껏해야 당대의 이론들에 의해서 만들어진 허구라는 것을 보여주는 것 같다고 주장하면서, 광자의 실재성을 의심한다. 램은 빛에 관해서 현존하고 있는 이론이 아주 다르다고 이야기하는 것은 아니다. 보다 깊은 이론도 우리들이 지

> 금 빛에 대해서 믿고 있는 것의 대부분을 그대로 유지할 것이다. 그렇지만 그 이론은 우리들이 광자와 연관 지어 생각하고 있는 결과들을, 분석을 토대로 자연의 다른 국면들(즉, 광자와 연관되지 않는 결과들)로 이해된다는 것을 보일 수 있을 것 같다. 그런 과학자는 얼마든지 일반적으로 실재론자이면서, 특히 그 광자의 경우에 대해서는 반실재론자일 수 있다. …… 그런 국지적 반실재론은 광학과 관련되어 나타난 것이지, 철학과 관련되어 나타난 것은 아니다. …… 그것은 …… '과학적' 발견이었지, '철학적' 발견이 아니었다.[29)]

해킹은 일반실재론이 과학이론과 이론적 대상들에 대한 다음과 같은 일반적 주장이라고 생각한다. 과학이론은 진리대응설의 의미로 옳거나 그르다. 과학은 진리 획득을 적어도 목표로 삼고 훌륭한 이론들은 (대략적으로) 옳다. 그리고 그런 이론들이 가정하는 이론적 대상들은 실제로 존재한다. 그리고 해킹은 "일반실재론이 과거 형이상학과 최근 언어철학과 더불어 확산된 것이다"[30)]라고 생각한다. 필자도 일반실재론이 이론적 대상 일반의 실재성에 대한 주장을 포함하고 있기 때문에 존재 일반의 본성에 대한 학문 분야인 전통적 형이상학과 연관되어 있다고 생각한다.

그리고 일반실재론은 과학이론이 진리 대응설의 의미로 옳거나 그른 진술들의 집합이라는 주장을 포함하고 있기 때문에, "한 문장이 옳다는 것은 무엇을 의미하는가?" 또는 "'진리'라는 용어의 의미는 무엇인가?" 등의 문제를 주된 쟁점들 중의 하나로 생각하는 최근 언어철학과 긴밀한 관계를 지니고 있다.

한편, 해킹은 특수실재론이 원자, 분자, 전자 등과 같은 특수한 종

29) Hacking, *Representing and Intervening,* 29-30.

30) 같은 책, 31.

류의 이론적 대상들 각각에 대한 일련의 국지적 주장들이라고 주장한다. 예를 들어, 전자에 대한 특수실재론은 전자가 실제로 존재한다는 주장이다. 그리고 광자에 대한 특수반실재론은 광자가 실재하지 않고 현재 이론들이 만들어낸 허구에 지나지 않는다고 주장한다. 해킹은 국지적 실재론 또는 반실재론은 철학이 아니라 특수 과학들과 관련되어 나타난 것이라고 생각한다. 광자에 대한 특수반실재론은 광학으로부터 원자에 대한 특수실재론은 입자물리학 또는 화학으로부터 나타난 것이다.

해킹은 윌리스 램과 같은 과학자들이 일반적으로 실재론자(훌륭한 이론들이 가정하는 대상들은 일반적으로 실재한다고 믿는)이면서, 특히 광자의 경우에 대해서는 반실재론자(광자는 실재하지 않고 현재 이론이 만든 허구일 뿐이라고 믿는)일 수 있다고 주장한다. 그래서 해킹은 특수실재론이 일반실재론으로부터 구별될 수 있음이 명백하다고 주장한다.

그러나 그는 또한 일반실재론과 특수실재론이 서로 영향을 주고받을 수 있다고 주장한다. 금세기에 원자에 대한 특수실재론은 물리학과 화학의 주된 쟁점들 중의 하나였다. 그렇지만 원자 또는 분자에 대한 실재론은 과학철학의 주된 쟁점들 중의 하나였다는 것도 사실이다. 해킹이 주장하듯이, "한 종류의 대상에 대한 국지적 문제를 벗어나 원자와 분자는 실재하는(또는 단순히 허구적인) 이론적 대상의 주된 후보들이었다."[31] 결론적으로 일반실재론이 특수실재론과 분명히 구별될 수 있고, 한편 두 실재론은 서로 영향을 주고받음에

31) 같은 책, 30.

틀림없다고 해킹은 주장한다.

해킹은 "특수실재론이 일반실재론의 방향을 결정할 정도로 (실재론/반실재론) 토의에 압도적 역할을 할 수 있다"[32]고 주장한다. 그 이유는 특수실재론이 특수과학과 함께 확산된다는 사실 때문이다. 따라서 특수실재론은 일반실재론보다 훨씬 더 자연의 사실들을 표현하고 있다. 최근의 논문 「*Philosophers of Experiment*(실험 철학자들)」에서, 해킹은 일반실재론 즉 과학이론과 이론적 대상들에 대한 포괄적 실재론은 역사적 사실들과 반대자들의 논증들에 맞서 지탱될 수 없다고 주장한다. 필자가 생각하기에, 우리들은 과학의 역사 속에서 여러 이론들에 관련하여 오랫동안 유지되었던 대상들의 실재성이(다음과 같은 에테르의 경우에서 볼 수 있듯이) 반증되는 여러 사례들을 분명히 확인할 수 있다:

> 뉴턴의 에테르는 …… 아주 오묘했었다. 그것은 많은 것들을 가르쳐 주었다. 맥스웰은 에테르 속에서의 전자파를 가르쳤고, 헤르츠는 전파의 존재를 증명함으로써 에테르의 [존재를] 확증하였다. 마이클슨은 에테르와 상호 작용하는 방식을 고안해내었다. 그는 그의 실험이 스토우크의 에테르 저항이론을 확증한다고 생각했다. 그러나 그의 실험은 끝에 가서 에테르가 실재한다는 생각을 포기하도록 해준 많은 것들 중의 하나가 되었다.[33]

필자는 또한 일반실재론에 대한 비판들이 설득력을 지니고 있다고 생각한다. 과학의 역사는 '플로지스톤 이론'의 경우가 보여주는 바와 같이, 주로 '최선의 설명으로의 추리'를 바탕으로 진리성을 믿

32) 같은 책, 31.

33) 같은 책, 275.

었던 이론들이 뒤에 반증되는 경우들을 많이 보여주고 있다.[34] 그리고 해킹은 특수실재론 각각의 문제들이 특수과학들의 연구와 발전에 따라 해결된다고 적절하게 주장한다.[35] 그래서 특수과학들과 관련을 맺고 있는 특수실재론이 철학과 관련을 맺고 있는 일반실재론의 방향을 결정할 만큼 (실재론/반실재론) 토론에 압도적 역할을 할 수 있다는 해킹의 주장이 적절하다고 필자는 생각한다. 그런 까닭에 해킹은 특수실재론에 보다 많은 관심을 기울인다.

해킹의 실재론은 앞에서 살펴본 포스트모던 과학철학의 주요 특질들을 잘 지니고 있다. 첫째로, 그의 특수실재론은 특수한 경우들 각각에 대한 판단의 국지적 기준들을 중요시 한다. 그리고 해킹은 '최선의 설명으로의 추리'와 같은 포괄적 기준을 토대로 일반적으로 실재론을 정당화하지 않고 '무엇이 무엇의 원인이다' 등의 본질상 국지적인 추리를 토대로 실재론을 정당화한다. 그는 성공적인 과학에 대한 통일된, 그리고 일반적으로 합당한 이야기가 아니라 개개의 경우들의 판단을 위해서 적절한 특수하고 국지적인 기초를 강조하고 있다는 점에서 포스트모던 과학

해킹[36]

34) 일반실재론자들은 주로 '최선의 설명으로의 추리(Inference to the Best Explanation)'를 바탕으로 실재론을 정당화한다. 그렇지만 반 프라센(*Scientific Image* 19-23 & *Laws and Symmetry* 142-49 참조)과 해킹(*Representing and Intervening* 51-53 참조)은 그들의 정당화를 비판한다. 이론의 설명력은 그 이론의 진리성과 그 이론이 가정하는 이론적 대상의 실재성에 대한 신념의 충분한 근거가 되지 못한다는 것이다.

35) 같은 책, 31.

36) http://www.quotationof.com/bio/ian-hacking.html

철학의 '반본질주의'적 특성과 잘 어울린다.

둘째로, 해킹의 특수실재론에 대한 강조는 과학철학의 이야기가 실제 특수과학들의 행위에 보다 더 많은 관심을 기울여야만 된다는 것을 함의한다. 이것은 일반적인 철학적 이야기가 아니라 실제의 구체적인 과학적 실행의 중요성을 강조하는 포스트모던 과학철학의 '과학에 대한 신뢰 태도'라는 특성과 잘 어울린다. 결론적으로 해킹의 '실험실재론'은 포스트모던 과학철학에 속한다.

다. 포스트모던 철학과 과학철학의 포스트모던성

20세기 후반에 서양철학의 모더니즘, 특히 계몽주의에 폭넓은 회의주의와 상대주의적 특징을 가지고 등장한 서양철학의 한 사조인 포스트모더니즘은 포스트모던 과학철학에 어떤 영향을 주었을까?

서양의 지적 행로에 큰 영향을 준 플라톤이 '기하학을 모르는 자는 아카데미아 문턱을 넘지 말라'라고 했는데, 기하학은 학문의 이상인 지식 또는 진리들의 '연역' 체계화의 좋은 예라고 할 수 있겠다. 그리고 그의 제자인 아리스토텔레스는 가장 모범적인 인간을 "'이성'적 동물"이라고 정의하기도 했다. 그리고 고대 그리스의 이러한 전통은 근대 학문 그리고 철학에도 영향을 미치고 있다. 다시 말해서, '이성'과 '논리'는 근현대 세계의 문화 특히 학문의 영역에서 가장 중요한 개념들이었고, 그것을 바탕으로 앞서갔던 서양 중심적 사고, 계몽주의 등의 정당화 기초를 이루고 있었다.

한편, 20세기 과학철학의 정통적 견해로 인정받았던 '논리실증(경험)주의 과학철학'도 과학의 '논리'적 재구성을 이루어내고자 노력했었다. 과학법칙에 대한 분석에 있어서도 어떤 것이 법칙이 되기 위해서는 '보편명제형식' 또는 '확률명제형식'의 조건을 갖추어야 한다고 '논리학' 용어들을 가지고 우선 먼저 전개하고 있다.

서양철학 사조로서의 모더니즘과 포스트모더니즘의 대조적 특징 중의 하나는 다음과 같다:

> [모더니즘 사상가들에게는] 이성과 논리는 **보편적**으로 유효하다. 즉 이성과 논리에 근거한 법칙들은 어떤 사상가와 지식의 어떤 영역에 대해서도 똑같이 공평하게 적용된다. 포스트모더니즘 사상가들에게는 ……. …… 이성과 논리가 사용되는 **특정한** 지적 전통 안에서만 유효하다.[37)]

모더니즘 사상가들은 이성과 논리 그리고 그것에 근거한 법칙들이 '보편적'으로 다시 말해서, 모든 영역에 유효하게 적용된다고 생각한다. 그렇지만 포스트모더니즘 사상가들은 그 법칙들이 이성과 논리가 사용되는 '특별한' 지적 전통 안에서만 유효하게 적용된다고 반대한다.

포스트모더니즘 사상가들은 '일반성(generality)' 또는 '보편성(universality)'을 인정하거나 추구하기보다는 '특수성(particularity)' 또는 '국지성(locality)'을 인정하고 추구하는 경향을 보인다.

포스트모더니즘 사상가들의 이러한 태도는, 앞에서 과학철학에서의 '모던성'과 '포스트모던성'을 대조할 때 포스트모던 과학철학의 첫 번째 대조적 특징으로 소개했던 것과 다음과 같이 연결된다:

37) http://100.daum.net/encyclopedia/view.do?docid=b23p3102a; 굵은 강조는 본인이 첨가하였음.

모던 과학철학의 첫 번째 특질은 성공적 과학의 정당성을 밝혀주는 통일된 또는 포괄적 그리고 일반적 이론의 정립에 대한 강조이다. …… 과학철학에서 포스트모던성은 모던성 즉 무엇이 탐구 또는 그것의 결과를 성공적인 과학으로 만들어 주는가에 대해서 잘 설명해주는 포괄적 이론이 꼭 있어야 한다는 생각을 거부한다. 반대로, 포스트모던 과학철학은 각각의 그런 경우들을 잘 설명해주는 각각의 국지적 이야기들의 중요성을 강조한다.[38]

결론적으로 포스트모던 철학의 '일반성'이 아니라 '특수성' 또는 '국지성'에 대한 강조는 그대로 포스트모던 과학철학에도 영향을 주었다.

포스트모더니즘 철학자들의 모더니즘에 대한 반대를 소개하자면:

[모더니즘 철학자들에 따르면], 최소한 원리적으로, 자연적·사회적 세계의 많은 양상들을 설명하는 **일반** 이론들을 주어진 지식의 영역 안에서 구성하는 것이 가능하다. …… 포스트모더니즘 사상가들은 이러한 개념을 계몽주의 담론 안에서의 하나의 망상이나 건강하지 못한 경향성의 징후로 치부한다. 이러한 계몽주의 담론을 프랑스 철학자 엠마누엘 레비나스는 사고의 **'전체화'** 시스템이라 불렀고, 프랑스 철학자 장 프랑수아 리오타르는 인간 생물학과 역사학, 사회적 발달의 **'거대담론'**이라고 주장했다. 이 이론들은 거짓이기 때문만이 아니라 다른 담론이나 전망들에 효과적으로 준거를 부여하기 때문에 유해하다. 이렇게 준거를 부여함으로써 이 이론들은 다른 전망이나 담론들을 억압하거나 소외시키고 침묵시킨다. 데리다 자신은 전체성에 대한 이 이론적 경향성을 **전체주의**와 동일시했다.[39]

38) 본 책, 3장 가.절 참조.

39) http://100.daum.net/encyclopedia/view.do?docid=b23p3102a; 굵은 강조는 본인이 첨가하였음.

데리다

포스트모더니즘 대표적 철학자의 한 사람인 데리다는 계몽주의로 대표되는 모더니즘 사상가들의 '일반성'에 대한 강조는, 실제로 학문, 도덕, 예술, 종교 등의 여러 문화 영역에서 옳지도 않을뿐더러 의미 있는 다양한 담론을 침묵시킴으로써 다양성, 창의성을 기반으로 하는 사회적 발전을 저해시킬 수 있다고 본다. 그러한 경향성은 나치즘, 파시즘, 제국주의 등의 근대 역사 속에서 잘못이 많이 드러난 **전체주의**적 이데올로기 등과 맥을 같이 할 수 있다는 것이다.

포스트모던 철학의 경계를 그었던 데리다는, 케니에 따르면, 사건을 맥락 속에서 보려고 노력하라는 건전한 충고를 우리들에게 던져주었다.[40] 맥락과 상관없이 '일반성', '보편성'을 추구하는 모던 전통과는 달리 포스트모던 철학의 특징은 맥락과 관련하여 무엇을 바라보는 것으로부터 '특수성', '국지성'을 주요하게 여기게 되었다.

이러한 특징은 데리다 철학 전반에 깔려 있다. 그에 의하면, "기호는 다른 맥락에서 나타나기 때문에 절대적으로 동일할 수 없다. 의미는 각 맥락마다 다르다."[41] 그의 철학의 핵심 개념인 '해체(deconstruction)'는 "텍스트를 면밀히 해독하여 저자가 전체 텍스트 내에서 사용하고 있는 용어가 일관성이 없을 뿐만 아니라, [여러] 의미로 …… 사용하고 있다는 것을 보여주는 방법이다."[42]

한편, 서양 모던철학 특히 계몽주의의 이성, 논리 중시의 흐름에

---

40) Kenny, *Philosophy In the Modern World, a New History of Western Philosophy* Vol. 4(Oxford University Press, 2007), 이재훈 역, 『현대철학』(서광사, 2013), 140.

41) 마단 사럽 외 지음, 임헌규 편역, 『데리다와 푸코, 그리고 포스트모더니즘』(서울: 인간사랑, 1991), 21.

42) 같은 책, 21. 괄호는 본인이 첨가하였음.

회의적이었던 니체 철학의 감성, 은유 중시의 태도는 데리다에게 다음과 같이 영향을 주었다:

> 니체는 플라톤에서 지금까지의 철학이, 언어의 본질이 은유적이라는 사실을 억누르고 있다고 주장했다. …… 논리 또는 이성의 우위를 주장했음에도 불구하고, 모든 철학은 **구상적** 성격을 가지고 변동하는 **맥락**에 따라 변하는 언어 …… 에 의존해 있다. 니체에 의하면, …… 사유는 항상 그리고 불가분적으로 그것을 지지하는 **수사학적** 장치에 의존해 있다. 니체를 따라가면서, 데리다는 모든 언어는 수식과 수사를 통해서 **은유적**으로 작용한다는 점을 지적했다. …… 해체는 은유의 불가환원성 …… 문자적 의미가 작용 시에 나타나는 **차이성**을 강조한다. …… [데리다의] 방법은 전유적인 언사가 고정된 어떤 **논리**가 아니라 **은유**의 힘에 의해서 그 자리를 차지하고 있다는 것을 보여주는 데 그 핵심이 있다. **은유**는 종종 언변이 지니고 있는 **논리**를 파괴한다. …… 해체는 …… 사려 깊음과 **합리성**에 대하여 유희와 히스테리를 찬양한다.[43]

니체의 영향을 받은 데리다는 이성, 논리, 합리성에 기반을 둔 일반성, 보편성을 특질로 갖는 철학에서의 모던 전통에 반대하며 철학에 스며들어 있는 은유, 감성, 맥락을 중시하며 특수성, 국지성을 특질로 갖는 철학에서의 포스트모더니즘을 주창하였다.

사럽과 같은 데리다 해석자에 따르면, 데리다의 해체는 정치적 실천과 결부된다. 즉 해체는 특수한 사상체계를 형성시켰으며 정치체제와 사회제도를 유지하고 있는 논리를 해체하기 위한 시도이다.[44] 다시 말해서 이성, 논리, 합리성에 바탕을 둔 합리주의, 계몽주의, 전

43) 같은 책, 39-50. 강조와 괄호는 본인이 첨가하였음.

44) 같은 책, 51.

데리다[45]

체주의 등의 허구를 드러내고자 시도하였다.

앞에서 과학철학에서의 '모던성'과 '포스트모던성'을 대조할 때, 모던 과학철학의 특질 중의 하나인 "성공적 과학의 정당성을 밝혀주는 통일된 또는 포괄적 그리고 일반적 이론의 정립에 대한 강조"[46]를 문학이론의 모더니스트 이상인 '주인 이야기(the master narrative)'에 비유했었다. 즉 '일반성'의 강조로부터 권위를 이끌어내면서 민주적이라기보다는 **전체주의적** 태도와 연결될 수 있다는 것이다. 이렇게 **일반철학**의 모던성, 즉 전체주의적 성격은 모던 **과학철학**의 특질과도 맥을 같이 하고 있다.

푸코

포스트모던 철학은 그 전체주의적 태도에 반대하면서 다음과 같이 민주적 태도를 지향하였다:

> 프랑스 철학자 미셸 푸코의 역사적 연구에 영감을 받은 몇몇 포스트모더니즘 사상가들은 …… 관점을 옹호한다. 그 관점은 특정한 시대에 지식으로서 중요한 것은 언제나 복잡하고 미묘한 방식으로 권력에 대한 고려에 의해 영향 받는다. …… 포스트모더니즘 사상가들은 그들의 이론적 위치를 독특한 방식으로 포괄적이고 **민주적**인 것으로 간주했다. 왜냐하면 그것은 계몽주의적 담론의

45) http://www.nomadist.org/xe/index.php?mid=inmun&page=3&document……

46) 본 책, 3장 가.절 참조.

> 부당한 헤게모니를 인식할 수 있게 해주었기 때문이다. …… 1980, 90년대에 다양한 문화적·인종적·종교적 집단들의 편에 선 학문적 옹호자들은 현대 서양사회에 대한 포스트모던적 비판을 포용했다.[47)]

푸코는, "전체적(global)으로 이론화하는 형식에 반대한다."[48)] 푸코의 역사적 연구의 특징은 계보학적 분석인데, "계보학은 …… 참된 인식의 이름으로 (어떤 인식을) 배척하고 (인식들 사이를) 위계지우는 **통일**이론에 반대하고 **국소적**이고 불연속적이며 부적격한 지식이라고 간주되어 왔던 것에 초점을 둔다."[49)] 이러한 역사관에는 어떠한 불변적인 것도, 어떠한 본질도, 어떠한 연속적인 형식도 있을 수 없다.[50)]

푸코와 같은 포스트모더니즘 사상가들의 이러한 민주적 태도, 다시 말해서 반권위주의적이고 '일반성' 보다는 '특수성', '국지성' 지향의 태도는, 앞에서 인용하였던 것처럼 무엇이 탐구 또는 그것의 결과를 성공적인 과학으로 만들어주는가에 대해 **각각의** 그런 **경우들**을 잘 설명해주는 **각각의 국지적 이야기들의 중요성**을 강조하는 포스트모던 과학철학의 첫 번째 특질에도 그대로 영향을 주었다.

푸코는 합리주의 즉 "이성이 잃고 있는 차원이 있을 수 있다고, 혹은 광기에 지혜가 있을 수 있다고 주장한다."[51)] 서구 중심의 합리주의 또는 계몽주의가 전체주의 또는 제국주의로 흐르기 쉬운 데에

---

47) http://100.daum.net/encyclopedia/view.do?docid=b23p3102a; 굵은 강조는 본인이 첨가하였음.

48) 마단 사럽 외, 59.

49) 같은 책, 61. 강조는 본인이 첨가하였음.

50) 같은 곳 참조.

51) 같은 책, 65.

경종을 울려주고 있다고 생각된다. 한편, 인간 사회를 '물질적 생산관계'로만 일반화시키려는 마르크스주의에도 동의하지 않았다:

> 푸코는 전체적인, 총체적인 이론(마르크스주의……)의 영향을 줄이는 데 관심을 가지면서 총체성의 입장에서 생각하는 시도는 사실상 탐구에 방해가 됨이 판명하다고 주장한다.[52]

푸코가 채택한 계보학의 방법은 "이른바 '전체화하는 담론'의 전횡에 대한 공격, …… **국소**적이며 …… 전문적인 지식의 재발견이고 …… 대이론에 반대한다."[53] '차이성'을 중시하는 그의 태도는, "인문과학적인 지식은 자연과학의 그것과 성격을 달리한다고 주장한다."[54] 그래서 푸코는 니체의 염려를 다음과 같이 반복하고 있다:

> (자연)과학은 세계에서 신화학(mythology)을 해체시켰으나 과학 그 자체 또한 대체된 신화이다. 과학적 지식은 세계를 꿈에서 해방시켰다. 인간은 효율성으로 계산되게 되었다(…… 기술합리성 ……). 그러나 (인문과학의 영역인) 목적, 가치 등은 여전히 미해결의 문제로 남아 있다.[55]

푸코에 의하면, 지식은 어떻게든 권력과 연관을 가진다는 니체의 생각을 이어받고 있다. 그의 후기 저작의 전략적 토대를 구성하고 있는 것은 "권력과 인식(pouvior-savoir)의 상호의존성"[56]이다. 그에 의하면, "지식 없이 권력이 행사되는 것은 가능하지 않고 권력을 창출하

---

52) 같은 책, 87.

53) 같은 책, 90 참조.

54) 같은 책, 85.

55) 같은 책, 76. 괄호는 본인이 첨가하였음.

56) 같은 책, 81.

지 않는 지식이란 불가능하다."[57]

그런데 푸코는 과거의 법률적・부정적인 권력 개념을 현대적 권력 개념으로 대치시키는데, "현대 권력은 기존의 것에 대한 억압이 아니라 '새로운' 활동 능력과 양식을 구성함으로써 작용한다."[59]

푸코[58]

그의 이 새로운 권력 개념(다시 말해, 권력의 상호관계가 '탑-다운' 방식만이 아니고 '바틈-업' 등 여러 양상이 존재할 수 있다는)과 연관 지어 생각한다면, 그리고 그의 '민주적' 지향을 덧붙여 생각한다면, 과학철학도 과학의 실행연구에 보다 더 관심을 가져야 한다는 [모던 과학철학의 '주인 이야기(the master narrative)' 개념에 반대하는] 포스트모던 과학철학의 두 번째 특질 '과학 신뢰 태도'와 바로 맥을 같이 한다고 주장할 수 있다.

학문들은 일반성을 기준으로 '철학(philosophy)'과 '특수학문(particular science)'으로 나누어진다. 철학이란 "인간・세계・인간의 행위들에 관한 가장 고도로 일반적인 신념들에 대한 비판적 반성 결과들의 체계"라고 정의된다. 철학의 주제가 자연, 인간 그리고 사회 전반에 걸친 '일반적' 주제라면 물리학, 역사학 그리고 사회학과 같은 '특수' 학문들은 이것들의 어떤 부분을 주제로 삼는다.

57) 같은 책, 82.

58) http://commune-r.net/xe/index.php?document_srl=3384187

59) 같은 책, 81.

철학에서 모더니즘 사상가들의 '일반성', '보편성' 추구 그리고 그것에 바탕을 둔 철학의 권위주의적 태도는 과학철학(philosophy of science)에도 영향을 주었다. 그 영향을 받은 모던 과학철학자들은 특수학문 영역인 (자연)과학에 대한 철학의 한 영역인 과학철학의 상대적 우월성을 인정하는 듯한 태도를 보였다. 이러한 태도는 과학자들과의 반목 그리고 상호 불통의 분위기를 조장하였다.

과학철학이 과학과 철학의 만남 즉 융·복합, 소통의 장인데, 어느 한쪽 특히 철학이 주인이 되어 앞에서 살펴본 '주인 이야기(the master narrative)'를 펴고자 한다면, 상호존중을 기반으로 이루어질 수 있는 소통은 금이 갈 것이다. 모던 과학철학의 이러한 방책적 한계를 인식한 과학철학은 보다 더 반권위주의적, 즉 민주적이고 보다 더 겸손한 태도를 방책으로 추구하게 되었다, 물론 사실을 근거로.

앎의 영역이 상식, 지식, 학문, 철학적 수준으로 구분될 수 있지만 (자연)과학과 철학의 진정한 소통은 상호존중의 태도, 특히 상위 수준의 철학이 보다 더 겸손한 태도로 과학과 대화를 지향해야 될 것이다. 그래서 포스트모던 과학철학은 앞에서 살펴본 두 번째 방책적 특질, '과학에 대한 신뢰 태도'를 갖게 되었다:

> 포스트모던 과학철학은 성공적 과학의 정당성을 밝혀주는 (과학에 대한 지도지침으로 작용하는) 철학적 이론의 필요성을 거부한다. 그리고 이것을 포스트모던 과학철학의 과학에 대한 '신뢰 태도'라고 부른다. 포스트모던 과학철학은 전반적으로 좋은 이해를 제공하고 있는 과학을 신뢰하고 또 우리의 일상적인 양식을 신뢰한다. 그렇지만 과학에 대한 신뢰 태도가 과학 행위에 대한 철학적 반성과 비판의 여지가 전혀 있을 수 없다는 것을 의미하지는 않는다. 과학철학에 대한 포스트모던 접근방식이 추구하는 것은 과학철학적 토의들이 실제의 과학적 행위들에 보다 더 많은 관심과 주의를

기울여야 한다는 것이다. 과학에 대한 '신뢰 태도'를 통하여 과학의 합리적 승인 속에 실제로 무엇이 포함되어 있는가, 또는 보일의 말대로 무엇이 "현명한 사람의 승인"을 받을 만한 가치가 있는 것인가에 관한 이해를 얻을 수 있다는 것이다. 이러한 작업은 과학적 탐구와 관련된 다양한 맥락들 즉 과학적 탐구가 그 안에서 진행되고 있는 역사적 그리고 당대의 많은 관련 맥락들에 관한 연구를 포함한다. 이러한 상세한 작업을 통하여 개개의 특별한 경우의 각각의 판단들에 필요하고 적절한 국지적 그리고 특수한 기준들을 얻는다.60)

파인61)

포스트모던 과학철학의 전반적인 좋은 이해를 제공하는 과학 및 우리의 일상적인 양식을 신뢰하는 태도는 앞에서 살펴본 파인, 카트라잇, 해킹의 접근방식에서 확인할 수 있다. 파인은 앞에서 살펴본 그의 '자연스러운 존재론 태도(NOA)'에서 다음과 같이 주장한다:

파인은 전통적 실재론과 반실재론이 아닌 제3의 노선을 선택하였는데, 과학을 있는 그대로 받아들이는 것이다. 그는 자신의 입장을 '자연스러운 존재론 태도(Natural Ontological Attitude)'라고 명명하였는데, 이는 지식 주장으로서의 '과학의 보증된 결과(certified results of science)'를 상식의 발견과 동등한 방식으로 수용하려는 입장을 포함하고 있다.62)

60) 본 책, 3장 가.절 참조.

61) http://www.phil.washington.edu/news-events/newsletter-summer-2014……

62) 본 책, 2장 라.절 파인 참조.

카트라잇[63)]

카트라잇 역시 모던 과학철학자들(논리실증주의 과학철학, 포스트실증주의 과학철학)의 전통과는 달리 과학 그리고 그것이 만들어내는 지식을 제대로 이해하기 위해서는 훌륭한 성과를 창출하고 있는 실제 과학의 실행을 탐구하여야 한다는 생각을 가지며 '과학에 대한 신뢰 태도'를 지니고 있다. '통일된'(실증주의 과학철학의 '통일과학운동') 그리고 일반적 '철학' 이야기(실증주의, 실재론)를 과학의 지침으로 삼고자 했던 모던 과학철학과는 달리 상식 또는 있는 그대로의 과학을 받아들이고, 그리고 성공적인 과학의 실행에 대한 탐구를 중요시하는 스탠포드학파의 한 사람이었던 카트라잇은 앞에서 살펴보았듯이 '과학의 불통일(disunity of science)', 과학의 이른바 '조각보(patchwork) 모델'에 동조하였다.

앞의 나.절에서 살펴보았듯이 해킹은 '실험실재론', '특수실재론'의 의의를 강조한다:

> 해킹은 …… 실험과학의 수준에서 이론적 대상에 관한 과학실재론을 위한 결정적 논증이 있을 수 있다고 생각한다. 상당히 많은 이론적 대상들이 실제로 존재한다는 신념이 …… '실험으로부터의 논증'에 의해서 충분히 입증된다는 것이다. …… 그는 실험에 주목하고 실험적 조작가능성에 기초하여 이론적 대상들에 대한 완벽

63) https://en.wikipedia.org/wiki/File:Nancy_Cartwright_2007.jpg

한 의미의 지식론적 과학실재론을 주장한다. …… 해킹은 특수실재론(realism-in-particular)과 일반실재론(realism-in-general)을 구분한다. …… 해킹은 일반실재론이 과학이론과 이론적 대상들에 대한 다음과 같은 일반적 주장이라고 생각한다. 과학이론은 진리 대응설의 의미로 옳거나 그르다. 과학은 진리 획득을 적어도 목표로 삼고, 훌륭한 이론들은 (대략적으로) 옳다. 그리고 그런 이론들이 가정하는 이론적 대상들은 실제로 존재한다. …… 한편, 해킹은 특수실재론이 원자, 분자, 전자 등과 같은 특수한 종류의 이론적 대상들 각각에 대한 일련의 국지적 주장들이라고 주장한다. 예를 들어, 전자에 대한 특수실재론은 전자가 실제로 존재한다는 주장이다. 그리고 광자에 대한 특수반실재론은 광자가 실재하지 않고 현재 이론들이 만들어낸 허구에 지나지 않는다고 주장한다. 해킹은 국지적 실재론 또는 반실재론은 철학이 아니라 특수 과학들과 관련되어 나타난 것이라고 생각한다. 광자에 대한 특수반실재론은 광학으로부터 원자에 대한 특수실재론은 입자 물리학 또는 화학으로부터 나타난 것이다. …… 해킹은 "특수실재론이 일반실재론의 방향을 결정할 정도로 [실재론/반실재론] 토의에 압도적 역할을 할 수 있다"고 주장한다. 그 이유는 특수실재론이 특수과학과 함께 확산된다는 사실 때문이다. …… 특수실재론은 일반실재론보다 훨씬 더 자연의 사실들을 표현하고 있다. …… 해킹은 특수실재론 각각의 문제들이 특수과학들의 연구와 발전에 따라 해결된다고 …… 주장한다. 그래서 특수과학들과 관련을 맺고 있는 특수실재론이 철학과 관련을 맺고 있는 일반실재론의 방향을 결정할 만큼 [실재론/반실재론] 토의에 압도적 역할을 할 수 있다. …… 그런 까닭에 해킹은 특수실재론에 보다 많은 관심을 기울인다.[64]

앞의 인용에 드러나듯이 해킹은 철학보다는 특수과학 특히 실험과학에 주목하여 그의 실재론 주장을 펴고 있다는 것과 특수과학들과 관련을 맺고 있는 특수실재론이 철학과 관련을 맺고 있는 일반실재론의 방향을 결정할 만큼 [실재론/반실재론] 토의에 압도적 역할을 할 수 있다는 주장을 통해서 '과학에 대한 신뢰태도'를 잘 보여주

64) 본 책, 3장 나.절 참조.

고 있다.

결론적으로 20세기말 철학에서의 포스트모더니즘의 특질, 즉 일반성, 보편성, 권위주의적 경향이 아니고 특수성, 국지성, 민주적 태도에 대한 지향은 포스트모던 **과학철학(Philosophy of Science)**의 '철학'보다도 '과학'에 더 많은 관심을 갖는 '과학에 대한 신뢰 태도', 더 나아가 '철학'이 '주인이야기', 즉 권위주의적이 아닌 '과학'과 상호존중의 민주적 태도를 취함으로써 서로 대화, 소통의 폭을 넓히는 바람직한 분위기 조성으로 과학철학의 질적 향상을 추구하고 있다.

어떤 유럽 실존주의자에 의하면, 서구의 역사에 많은 이름의 문예사조가 등장하지만 일반적으로 서구의 역사는 문예사적으로 볼 때 감성과 정서에 더욱 의미를 부여하는 '주정주의'와 이성과 지성에 그것을 부여하는 '주지주의'의 반복이었다는 것이다. '신화'의 시대는 자연현상까지도 의인법, 메타포 등을 사용하여 정서적으로 이해하였다. 아마 인간의 지식과 정보 축적이 상대적으로 적은 상황에서 여러 지적 호기심을 지적 이해보다는 정서적 이해를 통한 심리적 만족감으로 충족시킬 수밖에 없었을 것이다.

하지만 인간의 이성과 지성이 활발히 활동하여 그 성과물들이 쌓이면서 '고대'는 점차 이성과 지성에 바탕을 둔 철학, 즉 학문의 시대를 열었고 유클리드, 탈레스, 파르메니데스, 헤라클레이토스, 데모크리토스, 소크라테스, 플라톤, 아리스토텔레스 등에 의해서 꽃을 피우게 되었다. 인간이 생물학적으로는 동물이지만 가장 모범적인 인간이 가져야 할 특성으로 '이성'을 지적하면서, 아리스토텔레스는 '인간'을 '이성적 동물'이라고 규정하였다.

신 중심의 '중세'는 인간의 이성적 활동보다는 신앙을 더욱 중시하는 사회적 합의를 이루었다. 그리고 사랑과 같이 인간의 감성과 정서적 덕목을 더욱 중시하는 사회적 풍토는 이성보다는 상대적으로 감성과 정서를 더욱 가치 있는 것으로 받아들이게 되었다. 다시 말해, '주정주의'의 시대라고 말할 수 있겠다.

르네상스, 종교개혁, 과학혁명, 산업혁명을 거치면서 '근현대'는 신앙으로부터 이성으로, 교회에서 실험실로의 변화를 통하여 지식들의 체계로서의 과학과 그 응용으로서의 기술의 시대를 맞았다. 그리고 인간의 지적 호기심도 정서적 접근이 아니라 과학적 설명을 토대로 지적 이해를 통하여 충족되었다. 즉 근현대는 '주지주의' 성향이 돋보였던 시대라 말할 수 있겠다.

그렇다면 우리가 살고 있는 최근의 '포스트모던' 시대는 '주지주의'의 연장선일까, 아니면 종교는 아닐지라도 예술 등이 우세한 '주정주의'가 재등극하는 시대일까? 일반적으로 볼 때, 포스트모던의 특징은 이성, 지성과 감성, 정서의 '복합' 또는 '융합' 그리고 '소통'으로 말할 수 있지 않을까? 과학과 예술이 만나고 과학에서 얼마나 상상과 직관적 요소가 중요한가를 인식하고, 예술에서 관찰과 실험 그리고 과학기술의 도구적 사용이 얼마나 현실이 되었는지를 인식하면서, 이제 서로에 대한 배타적이기보다는 상호보완적 태도가 스테레오타입화되어가고 있다. 포스트모던의 스테레오타입은 '주지 & 주정주의'라고 해야 되지 않을까? 그래서 작금의 유행어 중에 '복합', '융합', '통섭', '소통' 등이 등장하고 있을 것이다.

포스트모던 시대의 이러한 특징은 철학에서의 포스트모더니즘과 함께 포스트모던 과학철학에 영향을 주었을 것이다. 과학철학(Philosophy of Science)이 융·복합학의 하나인 것은 분명하나 실질적인 소통이 이루어지기 위해서는 앞에서도 언급하였듯이 서로에 대한 진정한 신뢰 태도와 관심을 바탕으로 이루어질 수 있을 것이다. 그리고 지속적인 소통과 그것을 통한 성과 창출을 위해서는 상호이해와 존중이 필수적 요소이다.

물리학, 생물학, 지질학 심지어 공학, 농학, 의학, 약학 등 어떤 과학 영역이라도 최종 학위를 Ph. D(Doctor of Philosophy in Physics, Biology, …… Electrical Engineering, etc.)라고 부르는 이유가 무엇인지? 각 학문 영역에서 철학적 수준이란 어떤 것을 의미하고 각 영역에서의 철학적 물음이란 무엇이고 어떤 의미를 지니는 것일까? 예를 들어, Physics를 따라가 보니(along, 그리스어 meta) 철학의 한 분야인 형이상학(metaphysics)에 이르렀을 때의 물음은 어떤 것들일까? 그러한 철학적 물음에 대한 답은 역으로 과학에 어떤 영향 또는 도움을 주는 것일까?

한편, 철학의 한 분야인 과학철학도 과학 위에 군림하고자 하는 권위주의적 태도를 버리고 겸손하고 민주적 태도를 가지고 파트너인 과학을 신뢰하고 가까이 하고자 하는 노력을 기울여야 서로의 소통을 통한 보다 나은 성과 창출이 가능할 것이다. 포스트모던 과학철학이 '과학에 대한 신뢰 태도'를 갖는 것도 이러한 이유에서일 것이다.

라. 모던 과학철학과 과학철학의 포스트모던성

앞에서 살펴본 것처럼 모던 과학철학과 포스트모던 과학철학은 서로 대조적인(contrast) 특징을 가지고 있다. 하지만 모던 과학철학의 부분적 특성은 포스트모던 과학철학에도 영향을 주었다. 그렇다면 어떤 점에서 영향을 주었을까? 이 절에서는 그것을 밝혀보고자 한다.

모던 과학철학자(논리실증주의자, 쿤, 파이어아벤트 등) 대부분은 20세기 과학철학의 주요 주제 중의 하나였던 '과학실재론/반실재론' 논쟁에 있어 반실재론에 동조하는 경향을 보였다. 한편, 포퍼 그리고 전통적 실재론자들(셀라즈, 콰인, 퍼트남, 보이드 등)은 과학실재론을 지지하였다; 그리고 전통적 실재론은 '일반실재론(realism-in-general)'이었다는 것은 앞에서 언급하였다.

대표적 모던 과학철학이었던 논리실증(경험)주의자들의 반형이상학적 경향과는 달리, 앞에서 살펴보았듯이 포스트모던 과학철학자들(파인, 해킹, 카트라잇 등)은 아리스토텔레스의 형이상학적 견해에 동조하였다. 플라톤의 관념적 실재론에 반대한 아리스토텔레스의 상식적인 실재론은 파인의 '자연스러운 존재론 태도(NOA)', 해킹의 '해석(즉 형이상학)의 수준에서의 실재론' 지지, 카트라잇의 아리스토텔레스 형이상학적, 밀의 인과성 견해 지지에 그대로 반영되어 있다.

카트라잇, 해킹의 '특수실재론(realism-in-particular)' 강조가 전통적 실재론자들의 '일반실재론(realism-in-general)'과 대조되더라도 논리실증주의자, 쿤, 파이어아벤트 등의 반실재론 경향과는 달리 포스트모던 과학철학은 해석의 수준, 즉 형이상학적 수준에서의 실재론을 받아들이는 점에서는 전통적 실재론과 같은 입장에 서 있다. 다시 말해서 모던 과학철학의 일부인 전통적 실재론, 포퍼의 실재론 지지 입장은 포스트모던 과학철학에도 영향을 주었다고 생각된다.

'과학실재론' 논쟁과 더불어 20세기 과학철학의 주된 쟁점 중의 하나가 '과학의 합리성'이었다. 앞에서 과학철학의 일반적 주제를 소개할 때 설명한 것처럼 과학철학에서의 '합리주의'는 가설 또는 이론 선택의 돋보이는 기준이 존재하고 그 기준에 의해서 선택된 가설 또는 이론은 진리에 더 가까이 근접해가는 것이라고 주장하는 반면에 '상대주의'는 그러한 돋보이는 기준이 존재하지 않고 과학자 사회에서 합의된 기준이 있을지라도 임의적이고 그 기준에 의해서 선택된 가설 또는 이론이 진리에 다가가는 것도 아니라고 주장한다. 입증주의자, 포퍼, 전통적 실재론자, 라카토스는 합리주의자이고, 쿤, 파이어아벤트, 로던은 상대주의자였다.

포스트모던 과학철학자들이 전통적 실재론의 과학 이론과 이론적 대상에 대한 해석, 즉 그것들에 대한 형이상학적 견해에 동조한다는 앞선 설명에서 포스트모던 과학철학자들이 합리주의에 동조하고 있다는 것을 알 수 있겠다; 물론 그러한 기준이 보편적일 필요가 없다는 점에서는 전통적 실재론과 생각을 달리 하지만. 이렇게모던 과학철학의 '합리주의'는 부분적으로 포스트모던 과학철학에도 영향을 주었다고 생각된다.

쿤과 파이어아벤트를 포스트모던 과학철학자로 분류하는 것이 왜 잘못인가를 앞에서 밝힐 때 설명한 것처럼 쿤은 그러한 돋보이는 기준이 **일반성, 보편성**을 지녀야 한다는 점에서는 합리주의자와 같은 생각이어서 쿤도 **모던 과학철학**에 속한다고 주장했었다; 한편, 파이어아벤트는 반과학주의적 태도를 지니기 때문에 포스트모던 과학철학의 한 특징인 **과학에 대한 신뢰 태도**를 지니지 않고, **과학의 권위**가 그러한 기준의 일반성, 보편성으로부터 나온다고 믿는 점에서 모던 과학철학에 속한다고 주장했었다.

그리고 앞에서 설명하였던 것처럼 포스트모던 과학철학자들은 그러한 기준 즉 돋보이고 그 기준에 따라 선택한 가설 또는 이론이 진리에 근접해가는 기준이 과학 전반에 일반적, 보편적, 통일된 것일 필요는 없고 각각의 특수 과학 영역에 그러한 기준이 존재한다는 것이 사실이고 그것으로 충분하다고 생각한다; 그래서 논리실증주의자의 통일과학운동에 반대하고 카트라잇처럼 과학에 있어 조각보 모델을 제안했다.

그렇다면 쿤과 파이어아벤트가 **포스트모던** 과학철학에 속한다는 오해는 어디로부터 나오게 되는 것일까? 그들이 **과학철학**에서 **상대주의자**로 일컬어진다는 것과 **철학**에서 **포스트모더니즘**의 특징 중의 하나가 **상대주의**라는 것으로부터 일어난 착오이지 않을까? 다시 말해서, 과학철학에서의 "상대주의"와 포스트모던 철학에서의 한 특징으로 일컬어지는 "상대주의"를 동의어로 간주한 실수이지 않았을까? 즉, 필자 생각에, '과학철학'에서의 '상대주의'는 합리주의에 반대하여 과학 전반에 걸쳐서, 즉 '보편적', '일반적'으로, 진리에 근접하는 가설 또는 이론의 선택기준이 있었으면 좋겠는데, 불행이도 그런 기준은 존재하지 않는다고 주장하지만, '포스트모던 철학'에서의 '상대주의'는 학문, 도덕, 예술 등 여러 문화 영역에서 '보편성', '일반성' 있는 어떤 우월한 기준, 주장이 있었으면 좋겠다고 믿을 필요조차 없다는 것이다. 두 용어는 동의어가 아니다.

이렇게 모던 과학철학과 포스트모던 과학철학이 서로 대조적 특질들을 가지고 있다손 치더라도 모던 과학철학의 일부 견해는 포스트모던 과학철학에도 영향을 주었다.

마. 현대과학과 과학철학의 포스트모던성

학문의 이상이었던 진리들의 연역/공리 체계화를 형식과학의 유클리드 기하학이 일찍 보여주었고, 경험과학 영역에서는 뉴턴물리학에 와서 비로소 그 이상을 보여주었다. 칸트는 그의 저서 『순수이성비판』에서 뉴턴 물리학의 완벽성을 밝히고자 노력하였지만, 뉴턴 물리학 체계는 아인슈타인의 상대성 물리학 체계에 그 권좌를 내주게 되었었다. 지상, 천상세계에 대한 하나의 체계를 꿈꾸었던 뉴턴의 포부는 후에 일반상대성이론으로 어느 정도 현실화 가능성을 확인하였고, 그 물리학의 이상은 미시의 세계에 대해서까지 확장되어 소립자 물리학, 양자 역학 등의 출발과 성숙을 보여 주었다.

근・현대 물질과학에 스며들어 있는 과학적 세계관의 유물론, 기계론 철학은 생명과학 영역에도 영향을 주어 다윈의 진화론, 생명기계론 더 나아가 분자생물학, 유전공학 등으로 성장하게 되었다. 최근에는 시험관 아기 생산은 일상적인 것이 되었고, 복제인간, 인조인간 등의 출현도 내다보게 되었다.

이러한 근・현대과학의 기저에는 과학적 세계관 즉 유물론・기계론이라는 형이상학 신조가 자리 잡고 있고 논리실증주의 과학철학자들의 물리학에 바탕을 둔 통일과학운동과도 연관이 있겠다. 보다 전문적으로 말하면, 생물학의 물질과학, 즉 물리학과 화학으로의 환원주의가 밑에 깔려 있다.

생물학의 물리학과 화학으로의 환원이란 생물학 용어들이 모두 물리학과 화학 용어들로 정의(definition) 즉 외연적 정의가 가능하고, 생물학 법칙들이 결합원리와 더불어 모두 물리학과 화학 법칙들로 대체가 가능하다는 것이다.

그렇지만 아직까지는 환원주의가 옳다는 것이 충분히 증명되어진 상황은 아니고, 환원주의는 다만 "발견에로 이끄는 격률 즉 연구의 진행을 이끄는 지도 원리로 볼 수 있다고 생각하는 것이 가장 좋을 것이다."[65] 대표적 생물학 철학자의 한 사람인 헐도 환원주의의 현실에 대한 견해를 언급하면서 "생물학적 현상과 순수한 물리적 현상 사이의 …… 차이는 본질적인 것이 아니고 …… 정도의 차이일 뿐이다"[66]라고 주장한다. 반 프라센이 『*The Scientific Image*(과학 이미지)』에서 주장하듯 '종류(kind)'의 차이도 중요하지만 '정도(degree)'의 차이도 중요함으로, 아직 생물학의 물리학/화학으로의 환원은, 다시 말해, 환원주의 전략은 발견에로 이끄는 격률, 즉 연구의 진행을 이끄는 지도 원리로서는 충분히 의미 있으나 아직 옳음을 확보해 놓은 상황은 아니라고 이해하는 것이 타당할 것이다. 이런 상황에서 생물학이 물리학 또는 화학과 구별이 가능하고 실제로 구별되어 있는 현실이 타당할 것이다.

앞에서 '특수실재론(realism-in-particular)'에 대해서 살펴볼 때 언급하였듯이 물리학, 즉 소립자 물리학에서 '전자'에 대해서는 지식론적 수준에서 실재론 입장에 서 있는 물리학자들도 '쿼크'에 대해서는 그 수준에서 실재론 입장에 서 있지 않는 예 등에서 알 수 있듯이 물리학조차도 일반적·보편적 주장, '일반실재론(realism-in-general)'을 고집하지 않는다.

---

65) Hempel, *Philosophy of Natural Science*(Prentice-Hall, 1966), 곽강제 역, 『자연과학철학』(박영사, 1981), 199.

66) Hull, *Philosophy of Biological Science*(Prentice-Hall, 1974), 하두봉·구혜영 역, 『생명과학철학』(민음사), 266.

이러한 현대 과학의 분위기 속에서 과학철학의 분위기도 일반성, 보편성 추구보다는 특수성, 국소성을 중요시하는 경향, 즉 과학철학의 포스트모던성의 한 특질을 드러내게 되었고, 국소적 영역에서 진리를 많이 밝혀냄으로써 과학철학의 포스트모던성의 다른 하나인 '과학 신뢰 태도'도 갖게 되었다. 그리고 과학에 대한 해석도 '통일과학운동(unified science movement)' 태도보다는 '조각보 모델(patch-work model)' 태도로 바뀌게 되었다.

과학을 의미 있게 잘 이해하려면 과학의 형식적 측면(논리실증(경험)주의, 반증주의 과학철학의 전략) 그리고 과학의 내용 즉 과학의 역사(역사주의 과학철학의 전략)에 대한 이해가 주요하다는 모던 과학철학에 비하여 '과학에 대한 신뢰 태도'를 가지고 실제로 주목을 받고 있는 '현재'의 '성숙'한 과학의 '실행'적 측면에 더 관심을 가져야 한다는 포스트모던 과학철학의 태도는 과학철학자들을 그러한 과학 실행 또는 관련 실험에 더욱 주목하게 만들었다. 그 결과로 과학철학자들과 과학자 사이의 교류와 소통, 상호 이해와 신뢰를 더욱 넓혀가는 분위기를 형성하는 데 도움이 되었다. 다시 말해 포스트모던 과학철학의 전략은 과학과 과학철학 사이의 관계를 우호적으로 만드는 데 기여한 바가 크다고 할 수 있겠다.

참고문헌

김욱동(1996), 「포스트모더니즘」, 『과학사상』 1 8호: 201-12.

마단 사럽 외, 임헌규 편역(1991), 『데리다와 푸코, 그리고 포스트모더니즘』, 서울: 인간사랑.

장하석(2004), *Inventing Temperature: Measurement and Scientific Progress,* Oxford: Oxford University Press(오철우 역, 이상욱 감수, 『온도계의 철학: 측정 그리고 과학의 진보』, 서울: 동아시아.

정광수(1996), 「과학철학의 의미와 역사」, 『범한철학』 13집: 251-300.

______(1997), 「포스트모던 과학철학과 해킹의 실험적 실재론」, 『범한철학』 15집: 183-204.

______(2014), 『과학적 실재론』, 파주: 한국학술정보(주).

정광수 외(2001), 『과학학 개론』, 전주: 신아출판사.

조인래 외(1999), 『현대 과학철학의 문제들』, 서울: 아르케.

http://100.daum.net/encyclopedia/view.do?docid=b23p3102a, 「포스트모더니즘」.

Aristotle, *Posterior Analytics,* trans. with notes by J. Barnes(Oxford: Clarendon Press, 1975).

_______, *The Works of Aristotle Translated into English,* ed. J. A. Smith and W. D. Ross, 12 vols.(Oxford: Cralendon Press, 1908-52).

Boyd, R. N.(1972), "Determinism, Laws and Predictability in Principle", *philosophy of Science* 39: 431-50.

___________.(1984), "The Current Status of Scientific Realism", in J. Leplin(ed.), *Scientific Realism*(Berkely & Los Angeles: University of California Press.

Bridgman, P. W.(1927), *The Logic of Modern Physics,* New York: Macmillan.

Cantore, E.(1969), *Atomic Order: An Introduction to the Philosophy of Micro Physics,* Cambridge: MIT Press.

Cartwright, N.(1983), *How the Laws of Physics Lie,* Oxford: Clarendon.

___________.(1999), *The Dappled World: A Study of the Boundaries of Science,*

Cambridge: Cambridge University Press.

Clarke, D.(1982), *Descarte's Philosophy of Science,* Manchester: Manchester University Press.

Devitt, M.(1984), *Realism and Truth,* Princeton: Prenceton University Press.

Duhem(1914), *The Aim and Structure of Physical Theory,* 2nd edn., trans. P. P. Wiener(NewYork: Atheneum, 1962).

Euclid, *Elements,* ed. T. L. Heath, 3 vols.(New York: Dover Publications, 1926).

Feyerabend, P.(1970), "Problems of Empiricism Part II", in R. Colodny (ed.), *The Nature and Fuction of Scientific Theories*(Pittsburgh: University of Pittsburgh Press), 275-353.

Fine, A., "The Natural Ontological Attitude", in J. Leplin (ed.), *Scientific Realism*

______.(1987), "And Not Anti-realism, Either", in J. A. Kourany (ed.), *Scientific Knowledge*(Belmont, Calif: Wadsworth).

Galileo(1632), *Dialogue Concerning the Two Chief World Systems,* trans. S. Drake(Berkeley, Calif.: University of California Press, 1953).

Galison, P.(1990), "Aufbau/Bauhaus: Logical Positivism and Architectural Modernism", *Critical Inquiry* 16: 709-52.

______, P. and D. Stump, ed.(1996), *Disunity and Contextualism in the Philosopy of Science,* Palo Alto: Stanford University Press.

Goodman, N.(1965), *Fact, Fiction and Forecast,* 2nd edn., Indianapolis: bobbs-Merrill.

Hacking, I.(1986), *Representing and Intervening,* Cambridge: Cambridge University Press(이상원 역(2005), 『표상하기와 개입하기』, 파주: 한울아카데미).

Harmon, "The Inference to the Best Explanation", in *the Philosophical Review* 74: 88-95.

Harrē, R.(1986), *Varieties of Realism,* Oxford: Blackwell.

Hempel, C. G.(1965), *Aspects of Scientific Explanation,* New York: Free Press.

____________.(1966), *Philosophy of Natural Science,* Englewood Cliffs, New Jersey: Prentice-Hall, Inc.,(곽강제 역(1996), 『자연과학철학』, 서울: 박영사).

Hoefer, C.(2006), 「Introducing Nancy Cartwright's philosophy of science」.

Holcomb III, H. R.(1988), "Hacking's Experimental Argument for Realism", *The Journal of Critical Analysis* 9, no. 1: 1-12.

Hull, D.(1974), *Philosophy of Biological Science,* Englewood Cliffs, New Jersey:

Prentice Hall(하두봉 · 구혜영 역, 『생명과학철학』, 서울).

Jeong, G. S.(1994), "An Examination of the Current Debate between Epistemological Scientific Realism and Antirealism Focusing on van Fraassen's Antirealism and Hacking's Realism", Dissertation, University of Utah.

Kant, I.(1896), *Immanuel Kant's 'Critique of Pure Reason',* trans. F. M. Muller, 2nd edn.(NewYork: Macmillan, 1934).

Kenny, A.(2007), *Philosophy In The Modern World, A New History of Western Philosophy* Vol. 4, Oxford: Oxford University Press(이재훈 역(2013), 『현대철학』, 서울: 서광사).

Kuhn, T.(1970), *The Structure of Scientific Revolutions,* 2nd edn., Chicago: University of Chicago Press.

Lakatos, I.(1970), "Falsification and the Methodology of Scientific Research Programmes", in I. Lakatos and A. Musgrave (eds.), *Criticism and the Growth of Knowledge*(Cambridge: Cambridge University Press).

Laudan, L.(1977), *Progress and Its Problems*(Berkeley, Calif: University of California Press).

Leplin, J., ed.(1984), *Scientific Realism,* Berkeley & LosAngeles: University of California Press.

Losee, J.(1980), *A Historical Introduction to the Philosophy of Science.* 2nd. ed., Oxford: Oxford University Press(최종덕 · 정병훈 역 (1995), 『과학철학의 역사』, 서울: 한겨레).

Mill, J. S.(1865), *A System of Logic: Ratiocinative and Inductive,* 6th edn.(London: Longmans, Green).

Nagel, E.(1961), *The Structure of Science,* New York: Harcourt, Brace & World.

Newton, I.(1730), *Opticks,* 4th edn.(New York: Dover Publications, 1952).

________.(1729), *Newton's Mathematical Priciples of Natural Philosophy and His System of the World,* trans. A. Motto, rev. F. Cajori, 2 vols.(Berkely, Calif.: University of California Press, 1962).

Popper, K.(1959), *The Logic of Scientific Discovery,* New York: Basic Books.

________.(1963), *Conjectures and Refutations,* New York: Basic Books.

Ptolemy, C., *The Almagest,* trans. C. Taliaferro, in *Great Books of the Western World,* xvi(Chicago: Encyclopedia Britannica, 1952).

Ptolemy, Copernicus, Kepler, in *Great Books of the Western World,* xvi(Chicago:

Encyclopedia Britannica, 1952); contains:
Copernicus, *On the Revolutions of the Heavenly Sphers,* trans. C. G. Wallis
Putnam, H.(1975), *Mathematics, Matter and Method,* Vol. I, Cambridge: Cambridge University Press.
Quine, W.(1953), "Two Dogmas of Empiricism", in *From a Logical Point of View*(Cambridge, Mass: Harvard University Press).
Rouse, J.(1991), "The Politics of Postmodern Philosophy of Science", *Philosophy of Science* 58: 607-27.
Sober, E., *Philosophy of Biology*(민찬홍 역, 『생물학의 철학』).
Ubach, P.(1987), *Francis Bacon's Philosophy of Science,* La Salle, Ill: Open Court.
van Fraassen, B. C.(1980), *The Scientific Image,* Oxford: Clarendon Press.
________________.(1989), *Laws and Symmetry,* Oxford: Clarendon Press.

정광수

현) 전북대학교 자연과학대학 과학학과 교수
교육과학기술부 과학문화연구센터(SCRC) 통합센터장
전북대학교 STS 미래사업단장
한국과학철학회 편집인

『과학적 실재론』(2014)
『과학기술철학연구』(2013)
『과학기술과 문화예술』(2010, 2011년도 대한민국학술원 선정 우수학술도서)
『한국의 과학문화』(2003)
『과학학 개론』(2001)
「과학적 세계관과 인간관」(2011)
「과학과 예술의 공약가능성과 한계」(2009)
「해킹에 대한 윤리적 검토」(2007)
「첨단 정보기술사회의 프라이버시 문제」(2005)
「인간개체복제에 대한 윤리적 검토」(2001)

모던 과학철학과 포스트모던 과학철학

초판인쇄 2015년 10월 9일
초판발행 2015년 10월 9일

지은이 정광수
펴낸이 채종준
펴낸곳 한국학술정보㈜
주소 경기도 파주시 회동길 230(문발동)
전화 031) 908-3181(대표)
팩스 031) 908-3189
홈페이지 http://ebook.kstudy.com
전자우편 출판사업부 publish@kstudy.com
등록 제일산-115호(2000. 6. 19)

ISBN 978-89-268-7086-0 93160